MÄDCHENKRAM!

Aus dem Spanischen
von
Alexandra Cuevas
Moreno

»Umgib dich nur mit Menschen, die dir guttun.«
Oprah Winfrey, amerikanische Talkshow-Moderatorin

MOEWIG

NUR FÜR MÄDCHEN!

GEHEIM!

Wenn du das hier liest und
dieses Buch dir nicht gehört,

KLAPP ES SOFORT ZU!

Liest du etwa immer noch?
Leg es dahin zurück, wo du
es gefunden hast!
Es gehört dir nicht! Es ist
total vertraulich, persönlich
und nicht übertragbar!

*Für unsere Mütter Clara, Lucia und Lynn.
Für all ihre liebevollen Ratschläge
und ihre Weisheiten.*

*Aber auch für ihre Versäumnisse
und die Geheimnisse,
die unsere Neugier so sehr geweckt haben.*

PICKEL, JUNGS UND ELTERN...
WIE DU ÜBERLEBST, WAS DICH NERVT

MÄDCHENKRAM!

Texte von Maria Villegas und Jennie Kent
Illustrationen von Ivette Salom Safi

Ich heiße: ....

Man nennt mich: ....

Ich bin: .... Jahre alt.

Meine Telefonnummer: ....

Meine E-Mail-Adresse: ....

Dieses Buch fiel mir in die Hände am: ....

.... ist der

einzige Mensch auf der ganzen Welt, der meine

privaten Geheimnisse in diesem Buch lesen darf.

INHALT

Wunderschön | 12

• Mein Haar 14 • Meine Haut 34 • Meine Augen 54 • Meine Ohren 58 • Mein Mund 60 • Meine Hände 66 • Meine Füße 70 • Mein Magen 76 • Meine Knochen 78 • Rezepte für die Schönheit 82 • Mode 90 • Tattoos, Piercings 92

Was ist mit meinem Körper los?! | 94

• Wo kommen die Babys her? 96 • Endlich fangen sie an zu wachsen! 102 • Signale 103 • BHs kaufen 104 • Übungen für einen schönen Busen 105 • Körperbehaarung 106 • Nassrasur 108 • Wachs 110 • Enthaarungscremes, Epiliergerät, Laser-Epilation 112 • Augenbrauen zupfen 113 • Hast du sie schon? Die erste Regel und was dazugehört 114 • Die Fortpflanzungsorgane 118 • Genitalien 119 • Ich habe Eier?! 120 • Schon wieder Windeln?! – Binden und Tampons 121 • Menstruationsbeschwerden 126 • Menstruationstagebuch 130 • Rebelliert deine Figur? 132 • Rieche ich hier irgendwo Schweiß? 133 • Wachstumsschmerzen 134 • Pickel, Mitesser, Akne 136

Nichts geht über die Gesundheit | 140

• Ernährung 142 • Du bist, was du isst 144 • Vegetarier 148 • Allergien und Unverträglichkeiten 150 • Übergewicht und Fettleibigkeit 152 • Sport – Pilates, Yoga und mehr 154 • Träumend abschalten 162 • Schlaflosigkeit 166 • Albträume 168 • Schlafwandeln 169 • Angst vor der Dunkelheit 170 • Bettnässen 172

Manieren, Benehmen, Umgangsformen | 174

• Gute Umgangsformen 176 • Schlechte Angewohnheiten 186

Außer Kontrolle | 198

• Sucht 200 • Virtuelles Blablabla 202 • Qualmende Schornsteine 203 • Harmlose Cocktails? 204 • Die Welt der Drogen 206 • Trichotillomanie 210 • Ritzen 211 • Essstörungen 212 • Ich fühle mich leer 218 • Ab auf die Couch 220

Die praktische Seite des Lebens | 222

• Die Gastgeberin des Jahres 224 • Überraschende Geschenkideen 226 • Dance, dance, dance 228 • Wie man einen Tisch deckt 229 • Trinkgeld 230 • Nichts vergeuden 231 • Ab ins Wasser! 232 • Pass auf dich auf! 233 • Sicherheitstipps 234 • Missbrauch 236

Mein Ich | 238

• Meine Persönlichkeit 240 • Weltanschauung? Astrologie und Sternzeichen 244 • Numerologie 249

Meine Familie | 256

• Die Mitte der Welt 258 • Die Eltern: Adoptiv, alleinerziehend, gleichgeschlechtlich 260 • Es war einmal … Die Patchworkfamilie 264 • Nerviger Bruder, zickige Schwester 265 • Ich sehe doppelt – oder auch nicht … 266 • Das Paradies: die Großeltern 268 • Die harte Wirklichkeit: Abschiede 269 • Getrennt? 270 • Eine Familie fängt neu an 272 • Neues Haus, neues Leben 273 • Konflikte 274 • Friedliches Zusammenleben 275

Meine Welt | 276

• Die Schule 278 • Lehrer = Mummelgreise? 280 • Puh, Hausaufgaben … 281 • Arztbesuch oder Schulprüfung? 282 • Röntgenaugen? 283 • Arbeit für Therapeuten 284 • Albtraum ohne Ende? 285 • Kleine Bösewichte 286 • Schüler bewaffnen sich – sag mal, geht's noch?! 288 • Und nach dem Klingeln? 289 • Gesagt, getan! 290

Meine Freunde | 292

• Beste Freunde 294 • Freundschaft ist … eine wunderschöne Beziehung 297 • Tausend Freunde und Vorurteile 298 • Beliebt oder Außenseiter? 300 • Schadenfreude 301 • Jungs vom Mars? 302 • Du alte Petze! 303

Hormonautinnen an Bord! | 304

• Achterbahn der Gefühle 306 • Schmetterlinge im Bauch 308 • Gefällt er dir? 309 • Erste Liebe und Dates 310 • Das Erwachen deiner Sexualität 311 • Der erste Kuss 312 • Sex 314 • Wenn die Liebe vergeht 316 • Achtung Fummler! 317 • Wut und schlechte Laune 318 • Stress ist Stress 319 • Maias Puppen 320 • Ein Energieleck 322

Letzte Worte | 324

Liebe Leserin,

Mein richtiger Name ist Luna Fiona Bruin, aber alle nennen mich nur Fiona, denn Luna gefällt mir überhaupt nicht. Am allerliebsten mag ich Bücher. Ich lebe quasi in einer Bibliothek – nämlich in meinem Zimmer, das voll mit Büchern ist. Ich ziehe sie so sinnlosen Dingen wie Yoga vor. Dabei gibt es nicht wirklich viele Bücher, die ich empfehlen würde. Aber dieses Buch, das du in den Händen hältst, ist wirklich phänomenal! Es beinhaltet alles, was ein heranwachsendes Mädchen wissen sollte, um all die Veränderungen in seinem Körper und die damit verbundenen Empfindungen verstehen und – viel wichtiger – damit umgehen zu können. Weil allerdings doch einige Dinge unbeantwortet bleiben, habe ich mir die Freiheit genommen, Details selbst hinzuzufügen. Ich gebe zu, wenn ich dieses Buch geschrieben hätte, hätte ich viel von dem Blablabla über die menschlichen Gefühle weggelassen ...

Fiona

Hallo, ich heiße Maia und ich liebe meinen Namen total! Ich habe gerade gelesen, was meine Schwester Fiona geschrieben hat, und ich fühle mich verpflichtet, ihre Worte mit positiver Energie zu füllen. Es betrübt mich, dass sie meint, alles, was man nicht genau berechnen kann, sei überflüssig. Ich habe sie eingeladen, mit mir Yoga zu machen, ich habe ihr tausendmal gesagt, dass der Sohn vom Chemie-Lehrer auf sie steht, aber sie weigert sich, mir zu glauben. Ich habe ihr sogar einen Kaktus geschenkt, um sie vor Strahlen aus dem Computer zu schützen, und habe versucht, sie für die Numerologie zu begeistern (sieht aus wie Mathematik, deshalb dachte ich, es würde ihr gefallen) – alles vergebens.

Dieses Buch wird dir viel Spaß machen, es wird dir wunderbare Träume schenken und dir erklären, wie du wunderschön aussehen kannst – kurz: Es wird dir tausend Ratschläge und Rezepte für das Leben mitgeben. Außerdem wird es dir viele Themen nahebringen, die du mit deiner Mutter besprechen kannst. Ich bin mir sicher, dass du es genauso toll finden wirst wie ich.

☮ + ♥   Maia

WELCHER HAARTYP BIST DU?

Kreuze an, was du mit »Ja« beantworten würdest:

- ☐ Glatt
- ☐ Gewellt
- ☐ Kraus
- ☐ Afro

- ☐ Trocken
- ☐ Normal
- ☐ Fettig

- ☐ Superkurz
- ☐ Bis zu den Ohren
- ☐ Bis zu den Schultern
- ☐ Bis zur Taille

- ☐ Viel Haar
- ☐ Wenig Haar
- ☐ Dick
- ☐ Dünn

- ☐ Schwarz
- ☐ Blond
- ☐ Hellbraun
- ☐ Dunkelbraun
- ☐ Rot
- ☐ Andere Haarfarbe

Nun, da wir deinen Haartyp festgelegt haben, sprechen wir über die passende Pflege, damit das Haar immer schön und gesund aussieht.

TROCKNEN DER HAARE

Die beste Methode, das Haar zu trocknen, ist auch die natürlichste, nämlich an der frischen Luft. Pass aber auf, dass du dich nicht erkältest! Wenn du einen Föhn benutzt, stelle ihn nicht auf die volle, sondern lieber auf die mittlere oder schwächste Stufe, damit das Haar von der heißen Luft nicht beschädigt wird.

DIE HAARWÄSCHE

Die Haarwäsche hängt vom Haartyp ab. Trockenes oder normales Haar muss man nicht so oft waschen, nur wenn es sich nicht mehr gut anfühlt oder du ein besonderes Date hast. Fettiges Haar hingegen sollte man öfters waschen.

FRISUREN

Offen: Langes Haar braucht am meisten Pflege, bietet sich aber auch für die unterschiedlichsten Frisuren an. Wenn du dein Haar gern offen trägst, solltest du es oft kämmen, damit es schön glänzend und gesund aussieht. Verziere es mit Spangen, Schleifen, Haarbändern oder chinesischen Stäbchen – je nach Anlass. Oder halte es einfach mit einem schönen Haarreifen zusammen.

Wenn du langes Haar hast, es aber lieber kurz tragen möchtest, schneide es vielleicht in Etappen ab. Für eine komplette Veränderung von lang auf kurz braucht man nämlich ziemlich viel Mut!

PFERDESCHWANZ

Dies ist die ideale Frisur für den Sport oder wenn du es einmal eilig hast. Frisiere den Pferdeschwanz aber möglichst nicht mit nassen Haaren.

- Streiche dein Haar mit einer Hand nach hinten, während du es mit der anderen Hand am Kopfende zusammenhältst.

- Wenn du alle Haare am Kopfende zusammen hast, binde ein Haargummi darum.

- Es gibt verschiedene Möglichkeiten, das Haargummi zu verstecken: zum Beispiel farbige Haarbänder, Spangen mit Glitzersteinchen oder Stoffblumen. Viel Spaß beim Rumprobieren!

Kreative Haarbänder

Besorg dir einen Knopf mit großen Knopflöchern. Sie sollten so groß sein, dass ein Haargummi hindurchpasst. Nun verschönere den Knopf ganz nach deinem Geschmack mit selbstklebenden Pailletten oder Steinchen, führe zum Schluss das Haargummi wie beim Nähen durch die Knopflöcher und verknote zuletzt die beiden Enden. Solch ein selbst gemachtes Haarband kannst du in jeder Größe und für jede Art von Frisur basteln.

ZÖPFE

Für einen normalen Zopf:

Teile das Haar in drei gleich große Strähnen.

Kreuze die linke über die mittlere Strähne und danach die rechte Strähne über die, die nun in der Mitte liegt. Wiederhole das immer weiter, bis du am Ende einen richtig schönen Zopf geflochten hast.

Verknote das Ende des Zopfes mit einem Haarband oder Haargummi.

Zöpfe kannst du in verschiedenen Variationen flechten: Von den sehr eng geflochtenen wie beim Bauernzopf bis zu den einfach geflochtenen oder den kleinen Zöpfchen, die über den gesamten Kopf geflochten sind und die man am Ende mit kleinen Spangen oder Perlen zusammenhält. Diese letzte Frisur ist ideal für den Strand!

Probiere doch einfach verschiedene Frisuren aus – mal mit vielen Zöpfen, mal mit wenigen und auch in unterschiedlicher Dicke.

KRAUSES HAAR

Wenn deine Haare glatt sind, du sie aber lieber kraus tragen würdest, solltest du kein Geld für teure Dauerwellen ausgeben, bevor du nicht ganz sicher weißt, dass dir der Look am Ende auch gefallen wird. Probiere eine Kraushaarfrisur erst einmal selbst mit den folgenden Hilfsmitteln aus:

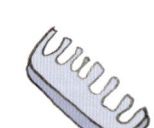

- **Mit einem Lockenstab**
  Mit dem Lockenstab bekommt man die Haare ganz leicht lockig, auch wenn die Hitze nicht gerade gesund fürs Haar ist.

- **Mit Heißwicklern**
  Elektrische Lockenwickler, so genannte Heißwickler, kann man immer wieder benutzen. Hierfür wickelst du die Haare in einzelnen Strähnen außen um die warmen Lockenwickler herum, angefangen bei den Haarspitzen bis hin zum Haaransatz. Die Wickler können eine Weile im Haar bleiben.

- **Mit einer Rundbürste**
  Mit Rundbürsten kannst du deine Haare schön wellig föhnen. Wenn du noch ungeübt bist, solltest du beim ersten Mal aufpassen – die Haare können sich in der Bürste leicht verheddern!

Bevor du deine Haare lockig frisierst, kannst du ein wenig Haarspray hineinsprühen. So halten die Locken besser.

Mit Lockenwicklern aus Papier

Schneide ein paar Papiervierecke aus, etwa in der Größe 15 x 15 cm, und falte diese zu Dreiecken, indem du zwei Ecken diagonal übereinanderlegst. Nimm eine einzelne Haarsträhne und lege sie von den Haarspitzen an in das Papier-Dreieck hinein. Nun rollst du die Strähne von der Spitze in dem Papier-Wickler nach oben und verknotest dann die beiden Enden deines selbst gemachten Wicklers sorgfältig, damit die Strähne hält. Diese Wickler kannst du die ganze Nacht im Haar behalten, am nächsten Morgen wachst du dann mit richtigen Locken auf!

NATURLOCKEN

Naturgelocktes Haar ist beneidenswert. Solltest du es einmal glatt tragen wollen, so geht das am besten mit einem Föhn. Für ein optimales Ergebnis solltest du dir für den hinteren Teil des Kopfes in jedem Fall jemanden suchen, der dir hilft.

 Mit einer Klammer trennst du deine Haare in der Mitte des Kopfes ab und steckst den oberen Teil der Haare mit der Klammer fest, während der untere Bereich locker herunterhängt.

 Mithilfe einer Rundbürste föhnst und bürstest du nun Strähne für Strähne von oben nach unten hin glatt. Je nach Geschmack kannst du die Spitzen dabei nach innen oder nach außen föhnen.

 So verfährst du nun weiter Haarschicht für Haarschicht, bis die letzte Strähne schön glatt geföhnt herabfällt.

Achtung: gefährlich!

Komm niemals auf die Idee, deine Haare mit einem Bügeleisen glatt zu bügeln! Du könntest dir dabei das Gesicht verbrennen, die Haare abfackeln oder gar das ganze Haus in Brand stecken. Möglicherweise bekommst du sogar einen Stromschlag. Dafür gibt es spezielle »Bügelmaschinen«, so genannte Glätteisen.

AFRO

Afro-Haare sind die empfindlichsten aller Haartypen, auch wenn sie nicht so aussehen. Diesen Haartyp sollte man sorgfältig pflegen und immer mit ausreichend Feuchtigkeit versorgen. Afro-Haare reagieren sehr empfindlich auf alle Produkte, die Alkohol enthalten, versuch daher, solche Produkte zu vermeiden. Trocknen sollte man solche Haare immer ganz vorsichtig mit einem Handtuch, dabei jedoch niemals rubbeln!

KURZE HAARE

- Kurzen Haaren kann man mit ein wenig Haarschaum mehr Volumen geben. Den Schaum einfach ins feuchte Haar einmassieren und dann beim Föhnen die Haare mit den Fingern in die gewünschte Form kämmen.

- Um den so genannten »Wet-Look« zu kreieren, tauchst du deine Finger in reichlich Haargel und frisierst dann, ähnlich wie mit Haarschaum, die feuchten Haare in die Richtung, in die du sie gern haben möchtest.

- Wenn du einen etwas moderneren Look willst, gehe einfach mit den Fingern und etwas Haarwachs durch die trockenen Haare. Frisiere dabei die Strähnen in verschiedene Richtungen. Aber Achtung: Mit Haarwachs sollte man grundsätzlich sparsam umgehen, sonst sehen die Haare schnell fettig aus.

PROBLEME?
LÄUSE

Läuse sind winzig kleine Tierchen, die sich gern in den Haaren einnisten. Sie können nicht springen, sind dafür aber schnelle Läufer. Sie gelangen von einem Menschen zum anderen, wenn sich z. B. die Kopfhaare berühren. Wenn deine Kopfhaut plötzlich stark juckt, könnte es gut sein, dass du Läuse hast. Niemand ist davor gefeit; die Übertragung von Läusen hat sehr wenig mit mangelnder Hygiene zu tun.

Teile deine Vermutung einem Erwachsenen mit, dem du vertraust. Zusammen könnt ihr das Problem lösen. Mittlerweile gibt es viele wirksame Methoden, Läusebefall bestmöglich zu vermeiden und die kleinen Biester zu bekämpfen.

WIE MAN LÄUSE VERMEIDET

Auch wenn es gehässig klingt: Deine Haarbürste solltest du mit niemandem teilen, nicht einmal mit jemandem aus deiner Familie. Ebenso wenig wie deine Haargummis, Haarspangen oder sonstigen Haarschmuck.

WIE MAN LÄUSE BEKÄMPFT

Gegen Läuse gibt es spezielle Produkte in der Apotheke, deren Gebrauchsanweisungen du absolut genau befolgen solltest. Anschließend kannst du einen Läusekamm benutzen, der sehr feine Zinken hat und mit dem man die Nissen aus den Haaren entfernen kann. Dabei solltest du dir unbedingt helfen lassen, damit du sicher sein kannst, dass alle Nissen ausgekämmt sind.

SCHUPPEN

Wenn deine Klamotten um die Schultern herum oft wie mit weißem Staub bedeckt sind und deine Kopfhaut manchmal juckt, sind das Anzeichen dafür, dass du Schuppen hast.

Das ist ein häufiges Problem bei trockener Kopfhaut, das man am besten mit einem Anti-Schuppen-Shampoo in den Griff bekommt. Wenn dies auch nach mehrmaligem Gebrauch nicht hilft, solltest du einen Arzt aufsuchen. Es könnte sich dann um eine Schuppenflechte handeln, bei der es einer speziellen Behandlung bedarf.

SPLISS

Wenn es so aussieht, als würden sich deine Haarspitzen teilen, dann hast du so genannten Spliss. Er kommt häufig bei feinem Haar vor und die betroffenen Haarspitzen lassen sich leider nicht mehr reparieren. Deshalb kann man Spliss nur bekämpfen, indem man die Haarspitzen regelmäßig abschneidet. Um Spliss vorzubeugen, solltest du solche Dinge wie Haartrockner und Glätteisen möglichst selten benutzen.

HAARNESTER

Haarnester kommen häufiger bei langem Haar vor, bei Locken sind sie besonders unangenehm. Dagegen gibt es spezielle Sprays, Gels und pflegende Cremes, die man nicht ausspülen muss und die beim Entwirren der Haare helfen. Dazu nimmst du am besten einen grobzinkigen Kamm und arbeitest dich durch die einzelnen Haarschichten jeweils von den Spitzen bis zur Haarwurzel hoch, wobei die Kämmrichtung immer nach unten geht.

Nicht empfehlenswert bei Haarnestern sind Bürsten mit vielen, dicht zusammenstehenden Borsten, vor allem bei nassen Haaren. Die Haare könnten reißen oder sich noch mehr verwirren.

GESPLISSTE/ AUFGEPLUSTERTE HAARE

Bei Spliss ist es ratsam, regelmäßig Kurpackungen anzuwenden und die Haare möglichst trocken zu halten. Auch wenn man im Supermarkt spezielle Produkte gegen Spliss kaufen kann, sind Hausrezepte immer noch am besten – probier's doch einfach mal aus!

Kur gegen Spliss und Probleme mit Frizz

- 1 Ei
- ¾ Tasse Sonnenblumenöl
- 1 reife Avocado

Schlage das Ei auf und gib dieses in einen Mixer. Stell den Mixer auf kleiner Stufe an und füge nach und nach die ¾ Tasse Sonnenblumenöl dazu, bis die Mischung dickflüssig wird. Zuletzt gibst du die reife Avocado hinein. Diese cremige Mischung massierst du in dein gewaschenes, noch feuchtes Haar ein und lässt sie 10 bis 15 Minuten einwirken. Spüle anschließend alles gründlich aus.

HILFE – GRÜNE HAARE!

Blondes Haar, das oft in Kontakt mit Chlorwasser kommt, kann sich manchmal grünlich färben. Da Chlor alle Haartypen schnell austrocknen lässt, sollte man nach jedem Schwimmbadbesuch die Haare immer gründlich waschen und ausspülen. Verrückt, aber wahr: Rettung bei Grün- oder Aschestich bringt eine Handvoll Ketchup mit Shampoo vermischt.

SCHEREN & CO

Das Herumhantieren mit scharfen Gegenständen in der Nähe der Augen ist immer eine gefährliche Sache! Wenn Mädchen Friseursalon spielen, sich ein Kaugummi aus dem Haar schneiden müssen oder einfach einen neuen Look ausprobieren wollen, dann ist die Versuchung, zur Schere zu greifen, ziemlich groß. Leider enden solche Aktionen oft in einem kleinen Desaster – versuch es deshalb lieber erst gar nicht! Und denk dran: Wenn du erst mal mit der Schere an deinen Haaren herumgeschnippelt hast, kannst du es nicht wieder rückgängig machen. Du musst dann notgedrungen warten, bis dein Haar von allein wieder nachgewachsen ist ...

Unsere Haut ist ein Spiegel dessen, was in unserem Körper passiert. Auch wenn wir sie gern nur mit äußerer Schönheit verbinden – sie ist vor allem Ausdruck unserer Gesundheit. Um eine strahlend schöne Haut zu haben, muss man sich gesund und ausgewogen ernähren, Sport treiben und sich richtig pflegen.

WELCHER HAUTTYP BIST DU?

Kreuze an, was du mit »Ja« beantworten würdest:

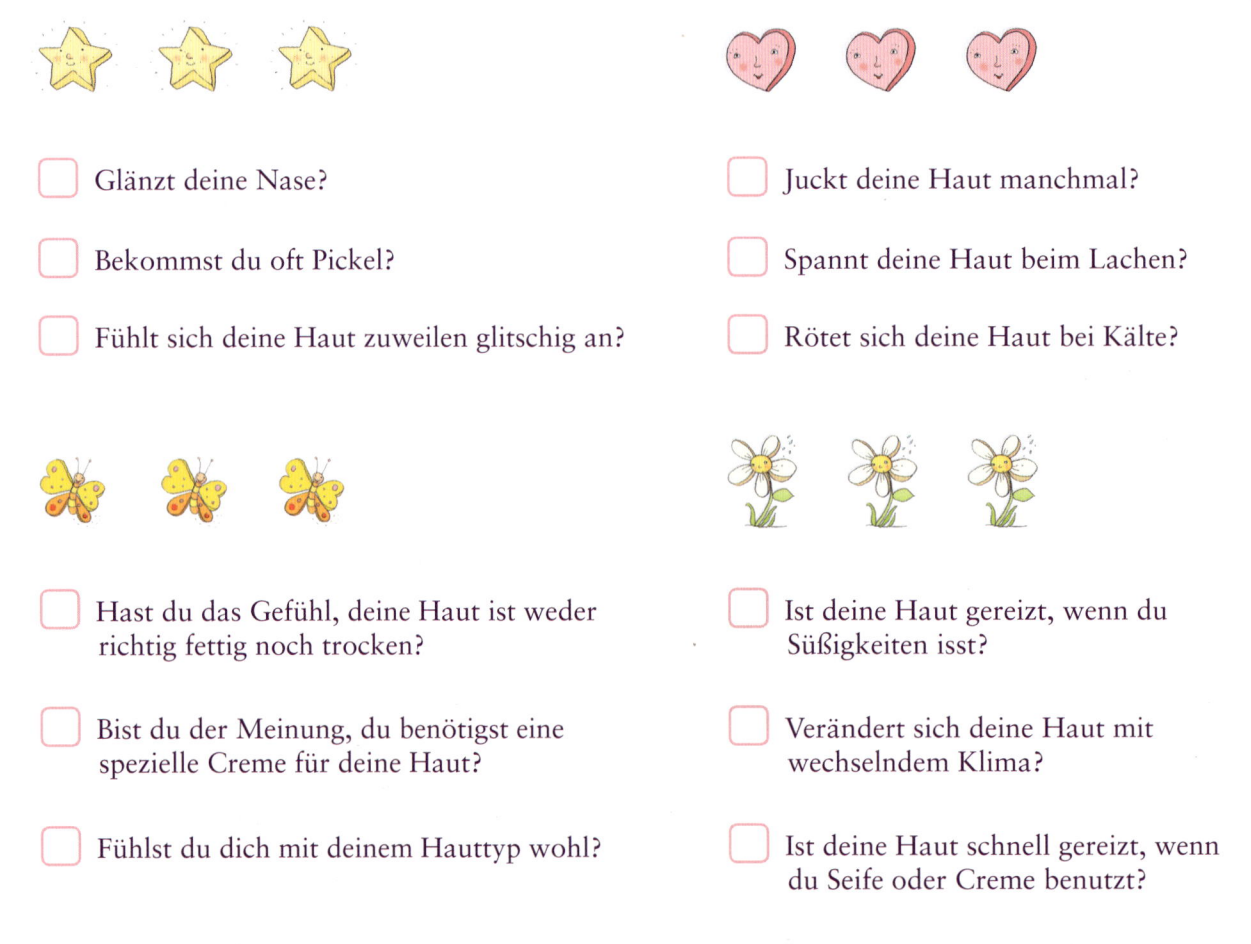

- ☐ Glänzt deine Nase?
- ☐ Bekommst du oft Pickel?
- ☐ Fühlt sich deine Haut zuweilen glitschig an?

- ☐ Juckt deine Haut manchmal?
- ☐ Spannt deine Haut beim Lachen?
- ☐ Rötet sich deine Haut bei Kälte?

- ☐ Hast du das Gefühl, deine Haut ist weder richtig fettig noch trocken?
- ☐ Bist du der Meinung, du benötigst eine spezielle Creme für deine Haut?
- ☐ Fühlst du dich mit deinem Hauttyp wohl?

- ☐ Ist deine Haut gereizt, wenn du Süßigkeiten isst?
- ☐ Verändert sich deine Haut mit wechselndem Klima?
- ☐ Ist deine Haut schnell gereizt, wenn du Seife oder Creme benutzt?

Die Gruppe, in der du mehrere Fragen angekreuzt hast, benennt deinen persönlichen Hauttyp.

 Normale Haut

 Trockene Haut

 Fettige Haut

 Sensible Haut

Alle Hauttypen müssen täglich durch Reinigung und Feuchtigkeit gepflegt werden.

NORMALE HAUT

Normale Haut ist weder besonders fettig noch besonders trocken. Sie wird auf natürliche Art mit Feuchtigkeit versorgt. Trotzdem sollte man die Haut jeden Abend reinigen. Kleiner Tipp: einfach ab und zu mit ein wenig Zucker und Wasser peelen, um Hautunreinheiten zu vermeiden.

TROCKENE HAUT

Trockene Haut glänzt nicht, ist oft sensibel und ein wenig rau. Man sollte trockene Haut einmal täglich nur mit Wasser und Seife ohne Zusatzstoffe (am besten mit Babyseife) reinigen. Du solltest niemals antibakterielle Seife benutzen und deine Haut immer mit ausreichend Feuchtigkeit versorgen.

Maske für normale Haut

- 1 reife Banane
- 1 Esslöffel Bienenhonig
- 1 Esslöffel saure Sahne

Vermenge die Zutaten gut mithilfe eines Mixers. Verteile die Maske anschließend auf Gesicht und Hals und lasse sie einwirken. Nach 10 Minuten kannst du die Maske zuerst sanft mit einem Wattepad abnehmen, bevor du mit lauwarmem Wasser die Reste abspülst. Bespritze hinterher dein Gesicht mit kaltem Wasser, das belebt!

Maske für trockene Haut

- 1 reife Avocado
- 2 Esslöffel Aloe Vera (Creme)
- 1 Esslöffel Bienenhonig
- 1 Teelöffel Olivenöl
- 1 Teelöffel Milchpulver

Vermenge alle Zutaten, bis du einen schön gleichmäßigen Brei hast. Verteile die Maske anschließend auf Gesicht und Hals und lasse sie ca. 10 Minuten einwirken. Danach kannst du alles sanft mit einem Handtuch und lauwarmem Wasser abnehmen.

FETTIGE HAUT

Fettige Haut ist meist glänzend und hat relativ große Poren, die häufig und leicht verstopfen. Dieser Hauttyp braucht eine ganz besondere Reinigung. In speziellen Fällen kann dich nur ein Dermatologe über die nötige und richtige Pflege aufklären.

SENSIBLE HAUT

Sensible Haut ist in extremen Fällen sehr reizbar und neigt häufiger zu Allergien als andere Hauttypen. Seifen mit vielen chemischen Zusatzstoffen solltest du in jedem Fall vermeiden! Am besten pflegt man sensible Haut mit antiallergischen Produkten, die genau auf die Bedürfnisse der Haut abgestimmt sind.

Maske für fettige Haut

- ½ Tasse Haferflocken
- ¼ Tasse kleingehackte Minzblätter
- ¼ Tasse Mandarinensaft

Die Haferflocken mit den Minzblättern in einer Schüssel gut vermischen. Nach und nach den Mandarinensaft hinzugeben, bis daraus eine Paste entsteht. Verteile die Maske nun auf Gesicht und Hals und lasse sie einwirken. Dabei solltest du direktes Sonnenlicht vermeiden, weil die Fruchtsäure in Verbindung mit Sonnenlicht die Haut fleckig werden lässt! Nach 10 Minuten alles sanft mit einem Handtuch und lauwarmem Wasser abnehmen. Anschließend das Gesicht mit kaltem Wasser bespritzen.

Maske für sensible Haut

- 2 Esslöffel Kakaobutter
- 4 Ringelblumen
- ¼ Tasse Mandelöl

Die Kakaobutter mit den Ringelblumen in der Mikrowelle schmelzen. Das Mandelöl dazugeben und alles ein paar Minuten ruhen lassen. Danach alles durch ein feines Sieb in ein sauberes Gefäß streichen und kräftig schlagen, bis die Masse cremig wird. Die Maske nun auf Gesicht und Hals verteilen und einige Minuten einwirken lassen. Anschließend alles sanft mit einem Handtuch und lauwarmem Wasser abnehmen.

GEBRÄUNTE HAUT = FALTIGE HAUT

Viele Mädchen fühlen sich hübscher, wenn sie schön braun sind. Jedoch darf man bei aller Schönheit nicht vergessen, dass Sonne für die Haut schädlich ist. Die ultravioletten Strahlen (UV) schaden den Hautzellen und können mit der Zeit Krebs verursachen.

WIE KANN MAN SICH SCHÜTZEN?

 Setze dich nicht der direkten Sonne aus. Und wenn, dann trage vorher Sonnencreme mit mindestens Lichtschutzfaktor 15 auf! Auch wenn du dich im Schatten aufhältst, solltest du dich gut eincremen.

 Für längere Sonnenbäder solltest du vorher einen Sonnenblocker mit hohem Lichtschutzfaktor auftragen und immer einen Sonnenhut und Sonnenbrille dabeihaben.

 Die Sonnenstrahlen sind zwischen 10:00 und 14:00 Uhr am stärksten. Zu diesen Zeiten solltest du die Sonne meiden.

 Wenn du Lipgloss benutzen willst, achte auf einen Lichtschutzfaktor.

SELBSTBRäUNER
CREMES & GELS

Selbstbräuner bräunen die Haut künstlich. Sie haben keinen Lichtschutzfaktor. Wenn du also Selbstbräuner aufträgst und dann in die Sonne gehst, solltest du den Sonnenschutz nicht vergessen. Selbstbräuner gibt es als Lotion, Gel oder Spray, Nebenwirkungen sind bisher nicht bekannt.

* Gleichmäßig auf der Haut verteilen und gut einziehen lassen, bis die Färbung sich zeigt.

* An den Ellenbogen, Knien und um die Nase herum nicht so viel Selbstbräuner auftragen, da sich diese Regionen besonders schnell verfärben. Für eine gleichmäßige Bräunung ist es hilfreich, die Haut vorher zu peelen.

* Nach dem Auftragen unbedingt gründlich die Hände waschen.

SOLARIUM

Lass dich nicht täuschen: Ein Sonnenbad im Solarium ist ebenso schädlich für die Haut wie die natürliche Sonne. Daher solltest du Solarien möglichst meiden.

Feuchtigkeitscreme aus Rosen

- ¼ Tasse Rosenwasser
- 3 Esslöffel Aloe Vera (Creme)
- 2 Kapseln Vitamin E
- 1 Esslöffel Bienenwachs
- 2 Esslöffel Babyöl
- 1 Esslöffel Vaseline (ohne Zusätze)
- 1 ½ Esslöffel Kakaobutter

Nach dem Solarium braucht die Haut viel Feuchtigkeit am ganzen Körper. Am besten trägst du eine Feuchtigkeitscreme auf.

Das Rosenwasser zusammen mit der Aloe Vera und den Vitamin-Kapseln vermengen. Danach das geraspelte Bienenwachs mit dem Babyöl und der Vaseline in einem Topf zum Schmelzen bringen. Die Kakaobutter dazugeben und so lange rühren, bis alles eine einheitliche Masse bildet. Nun die anderen Bestandteile dazugeben, das Rühren dabei nicht vergessen! Die ganze Masse dann durchsieben und abkühlen lassen.

Eine Maske nach dem Sonnenbad

- 1 Tasse Erdbeeren (ohne Blätter)
- ¼ Tasse schwarzen Tee (gemahlen)
- 1 Esslöffel Mandelöl

Die Erdbeeren mit dem Mandelöl und einem Teelöffel vom schwarzen Tee in einem Mixer pürieren. Den Rest des schwarzen Tees mit Wasser aufkochen und zwei Wattepads darin tränken.
Trage dann die Maske auf Gesicht und Hals auf und mach es dir in einem gemütlichen Sessel bequem. Die zwei in Tee getränkten Wattepads abkühlen lassen und auf die Augen legen.
Du kannst die Maske solange auf der Haut lassen, wie du möchtest. Danach mit lauwarmem Wasser und einem Handtuch sanft abnehmen.

Eine Creme nach dem Sonnenbad

- 1 kleiner Strauch Pfefferminzblätter
- ½ Gurke
- Ein wenig Aloe Vera

Zwei Tassen Wasser zum Kochen bringen und die Pfefferminzblätter dazugeben. Das Ganze eine Minute lang kochen, abkühlen lassen und durchsieben. Die Gurke schälen, in Würfel schneiden und im Mixer pürieren. Nun die Aloe Vera und das Pfefferminz-Wasser dazugeben und alles weiter vermixen.
Die Masse wird nun in einen keimfreien Behälter gefüllt und sollte immer im Kühlschrank aufbewahrt werden. Bei Bedarf kannst du die Creme nach jedem Sonnenbad auftragen.

PROBLEME?
BLAUE FLECKEN

Wenn unter der Haut durch einen Schlag oder einen Stoß Blut austritt, kann es blaue Flecken geben.

Die Geschichte eines Blutergusses
Zuerst rötet sich die betroffene Stelle nur. Ein paar Tage später färbt sie sich blau oder sogar schwarz. Fünf bis zehn Tage später wird sie grünlich und zehn bis vierzehn Tage später braun oder gelblich. Nach etwa zwei Wochen sollte alles wieder weg sein und die Stelle normal aussehen. Wenn nicht, suche einen Arzt auf!

Solltest du an deinem Körper viele blaue Flecken haben und kannst dir die Ursachen nicht erklären, geh lieber zum Arzt!

Schmiere die betroffene Stelle schnellstmöglich mit ein wenig Honig ein. Die Stelle gut kühlen, entweder mit einem Beutel mit Eiswürfeln oder einem speziellen Kühlbeutel.

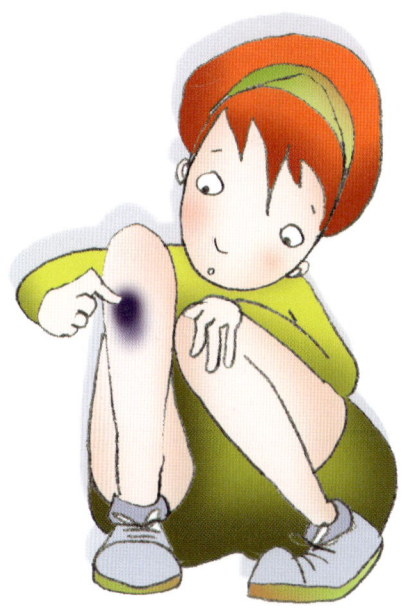

WARZEN

Warzen sind virale Infektionen der Haut, die ansteckend sind und an verschiedenen Stellen des Körpers in verschiedenen Formen und Größen auftauchen können. Warzen kann man nicht vermeiden, aber man kann vorbeugen, indem man seine Hände sauber hält und an öffentlichen Orten immer Sandalen oder Flip Flops trägt. Um Warzen wieder wegzubekommen, solltest du lieber zum Arzt gehen, der am besten über den Warzentyp und die Behandlungsmethode entscheiden kann.

Da man sich mit Warzen per so genannter Kontaktinfektion beziehungsweise Schmierinfektion über kleinste Verletzungen der Haut und der Schleimhäute infiziert, solltest du, wenn du in Kontakt mit einer Warze gekommen bist, danach unbedingt häufiger deine Hände waschen! So gibst du die Warzen nicht an jemand anderen weiter und verhinderst auch, dass sie sich an anderen Stellen deines Körpers verbreiten.

MUTTERMALE

Muttermale oder so genannte Leberflecke sind runde Punkte auf der Haut, meistens braun oder schwarz. Manchmal sind sie angeboren, man kann sie aber auch erst im Laufe der Zeit bekommen. In den meisten Fällen sind sie harmlos, trotzdem solltest du deine Muttermale immer mal wieder überprüfen lassen, um sicherzugehen, dass sie nicht gefährlich sind.

Wenn du eines dieser Anzeichen an einem Muttermal bemerkst, solltest du deinen Arzt aufsuchen: schnelles Wachstum, Juckreiz, Blut oder Eiter, Veränderungen der Farbe und Form oder Rötung der Haut um das Muttermal herum.

CELLULITE

Bei Cellulite handelt es sich um eine Dellenbildung, die entsteht, wenn sich Fett unter der Haut aufstaut. Cellulite tritt meistens an Pobacken und Beinen auf und lässt sich am besten daran erkennen, dass die Haut beim Anspannen der Muskeln vom Aussehen her an eine Orangenschale erinnert – weshalb sie auch »Orangenhaut« genannt wird.

Cellulite ist keine Krankheitserscheinung, sondern eine biologisch bedingte Veränderung des weiblichen Bindegewebes!

TEST

1 Hast du einen unempfindlichen Magen?

2 Trinkst du weniger als 8 Gläser Wasser am Tag?

3 Fühlst du dich manchmal gestresst oder bist sehr nervös?

4 Machst Du keinen Sport?

Antworten mit »Ja« können Cellulite fördern.

WAS TUN?

Versuche, dich zu entspannen, achte auf deine Ernährung, trinke viel Wasser und treibe Sport.

DEHNUNGS-STREIFEN

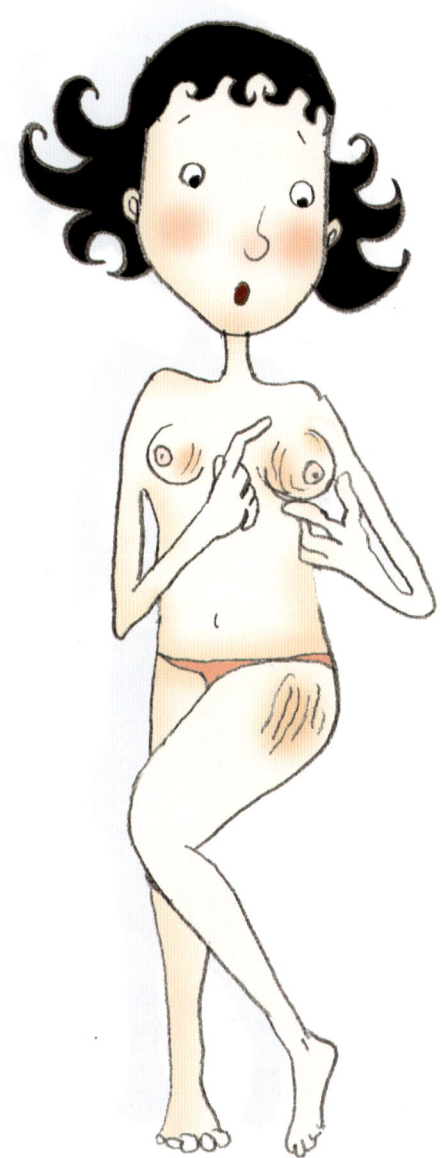

Dehnungsstreifen können auftreten, wenn die Haut aus Mangel an Elastizität reißt. Meistens passiert das bei schnellem Wachstum oder während der Schwangerschaft. Am besten lassen sich so genannte »Schwangerschaftsstreifen« vermeiden, wenn du regelmäßig Sport treibst und die Haut immer gut mit Feuchtigkeit versorgst. Aber Achtung: Auch bestimmte Bewegungen beim Sport können Dehnungsstreifen fördern. Deshalb solltest du, wenn möglich, einen Sport-BH tragen.

Auch wenn Dehnungsstreifen anfangs oft rötlich oder bläulich schimmern und eher an Narben erinnern – mit der Zeit verblassen sie und nehmen den natürlichen Ton der Haut an. Es gibt eigentlich nichts, was man tun kann, um sie völlig verschwinden zu lassen, aber in Drogerien gibt es viele Produkte, die helfen sollen, Dehnungsstreifen vorzubeugen.

EKZEME

Ekzeme sind geschwollene, juckende und/oder brennende Stellen auf der Haut, die sich oftmals röten und entzündlich sind, vor allem, wenn man daran kratzt. Es können sich auch Blasen bilden, die Haut kann sich schuppen oder pellen. Solltest du Ekzeme auf deiner Haut entdecken, geh lieber gleich zum Dermatologen – dem Spezialisten bei Hautproblemen!

Starke Seifen (mit zu vielen chemischen Zusatzstoffen) solltest du vermeiden. Ebenso ausgiebige Vollbäder und Stress.

ALLERGIEN

Allergien sind Reaktionen des Immunsystems auf Dinge, die dein Körper als schädlich empfindet. Es kann sein, dass Symptome nur saisonal (z.B. bei Heuschnupfen) oder ganzjährig auftreten (z.B. bei einer Allergie gegen Hausstaubmilben). Normalerweise sind Allergien nicht besorgniserregend, sollten sie dir jedoch Schwierigkeiten machen oder dich behindern, geh lieber zum Arzt.

Symptome für Allergien können an verschiedenen Bereichen des Körpers auftreten, jedoch besonders an diesen Stellen:

Augen:
Reizung, Schwellungen, Juckreiz, Rötungen oder verstärkter Tränenfluss

Nase:
Juckreiz, Nies-Anfälle, Verstopfung der Nase

Haut:
Ausschlag oder Quaddeln

Magen:
Brechreiz, Übelkeit oder Durchfall

Lungen:
Asthma und Schwierigkeiten beim Atmen

Wenn du eine allergische Reaktion zeigst, solltest du dich als Allererstes fragen, ob du etwas gegessen hast, was du zuvor noch nie probiert hast. Auf diese Weise ist es leichter, die Ursache für die Allergie zu benennen und den Erreger in Zukunft zu vermeiden.

MEINE AUGEN

- Deine Augen sind essentiell, einzigartig und unersetzbar. Du solltest sie mit großer Sorgfalt hüten.

- Gehe mindestens einmal im Jahr für einen Check zum Augenarzt, auch wenn du scheinbar keine Probleme mit den Augen hast.

- Bei Sonnenschein solltest du immer eine Sonnenbrille tragen, denn die UV-Strahlen sind nicht nur für deine Haut, sondern auch für deine Augen gefährlich. Coole Sonnenbrillen findest du in jeder Größe und für jeden Geschmack.

- Wenn du viel am Computer sitzt, solltest du deinen Augen zwischendurch etwas Ruhe gönnen. Ab und zu ein wenig blinzeln tut ihnen auch gut.

- Spezielle Augentropfen befeuchten die Augenoberfläche, sollte sie sich mal etwas trocken anfühlen.

Solltest du eins oder mehrere der folgenden Symptome bei dir feststellen, geh lieber zum Arzt: Kopfschmerzen, Schwierigkeiten beim Fokussieren (nahe oder weite Ziele), Juckreiz oder Schmerzen in den Augen, starke Veränderungen der Sehkraft.

Teile nie dein Augen-Make-up mit jemand anderem – auch nicht mit der besten Freundin. Und wenn du etwas ins Auge bekommst, niemals reiben! Lieber mit klarem Wasser ausspülen.

SEHHILFEN

BRILLEN

Wenn du eine Brille benötigen solltest, suche dir in aller Ruhe ein Modell aus, mit dem du dich attraktiv findest und das bequem zu tragen ist. Es gibt Tausende von Modellen in verschiedenen Farben und Formen. Um Schäden an der Brille zu vermeiden, solltest du sie immer in ihrem eigenen Etui aufbewahren, am besten zusammen mit einem weichen Brillentuch, mit dem du sie auch putzen kannst, ohne sie zu zerkratzen.

KONTAKTLINSEN

Kontaktlinsen bekommst du auch auf Rezept. Bevor du sie zum ersten Mal einsetzt, kläre deine eventuellen Fragen mit deinem Arzt und/oder deinem Optiker und befolge alle Anweisungen zur Nutzung und Reinigung genau: Wie man sie einsetzt, wie lange man die Linsen tragen darf, wie man sie richtig reinigt, wie man sie aufbewahrt ...

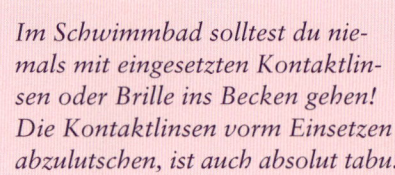

Im Schwimmbad solltest du niemals mit eingesetzten Kontaktlinsen oder Brille ins Becken gehen! Die Kontaktlinsen vorm Einsetzen abzulutschen, ist auch absolut tabu!

ÜBUNGEN

Trainiere deine Augen, indem du sie von einer Seite zur anderen bewegst, dann von unten nach oben und alles wieder von vorn.

Nun fokussiere ein Ziel in der Ferne und dann wieder ein Ziel in der Nähe. Wiederhole diese Übungen immer wieder abwechselnd.

Eine Bindehautentzündung ist eine Entzündung der Augen. Sie kann ansteckend sein und benötigt unbedingt ärztliche Behandlung. Um die Entzündung nicht zu verschlimmern, solltest du dir regelmäßig die Hände waschen und den Kontakt von Händen und Augen vermeiden.

MEINE OHREN

Die Ohren sind Organe unseres Körpers, die es uns ermöglichen, Klänge und Laute wahrzunehmen und unser Gleichgewicht zu halten. Das menschliche Ohr wird in die drei Bereiche Außenohr (Ohrmuschel, Ohrläppchen, äußerer Gehörgang), Mittelohr (Trommelfell, Gehörknöchelchen) und Innenohr (Gehörschnecke) aufgeteilt.

REINIGUNG

Unsere Ohren haben die Fähigkeit, sich selbst zu reinigen, indem sie regelmäßig das überflüssige Ohrenschmalz nach außen befördern. Stecke niemals etwas in deine Ohren hinein. Wenn du ein Ohr reinigen willst, dann nur von außen mit einem feuchten Tuch, am besten während eines Bads oder einer Dusche. Es gibt Fälle, in denen die Anhäufung von Ohrenschmalz Schwierigkeiten beim Hören oder sogar Schmerzen verursacht. Wenn dem so ist, geh unbedingt zum Arzt, bevor du selbst irgendetwas an deinen Ohren versuchst.

Lass lieber die Finger von Ohrstäbchen. Diese können den Ohrenschmalz weiter in das Ohrinnere drücken und es gegebenenfalls verstopfen. Auch Schwellungen oder sogar eine Entzündung sind möglich.

MEIN MUND

Der Mund ist nicht nur ausschlaggebend für unser Erscheinungsbild, er ermöglicht uns auch zu lachen, zu essen, zu kauen, zu schmecken und uns zu unterhalten.

HYGIENE

ZAHNSEIDE

Wickle ein langes Stück Zahnseide um deine Finger und führe es ganz vorsichtig zwischen deine Zähne hoch bis zum Zahnfleisch. Das wiederholst du nun mit all deinen Zahnzwischenräumen, bis du alle Essensreste entfernt hast. Das solltest du täglich machen.

ZÄHNE PUTZEN

Nach dem Essen drückst du ein wenig Zahnpasta auf eine Zahnbürste mit weichen Borsten. Nun bürstest du alle Zähne von allen Seiten ab, sowohl senkrecht als auch waagerecht. Wenn du die Zähne nach drei Minuten saubergebürstet hast, spül den Mund gründlich aus – die Zahnpasta nicht runterschlucken!

PROBLEME?

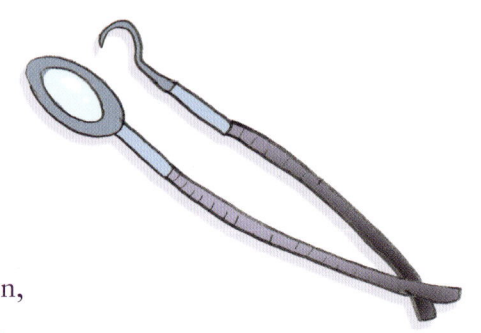

Um die folgenden Probleme zu behandeln oder ihnen vorzubeugen, solltest du mindestens einmal im Jahr zu deinem Zahnarzt gehen.

ZAHNFLEISCH-ENTZÜNDUNG

Zahnfleischentzündungen entstehen in den meisten Fällen durch Bakterien, die im Zahnbelag enthalten sind. Diese Krankheit befällt das Zahnfleisch und kann durch Plaque entstehen, die sich an deinen Zähnen festsetzt. Zahnfleischblutungen, Schmerzen und schlechter Atem können die Folge sein.

ZAHNBELAG/ PLAQUE

Zahnbelag ist eine unsichtbare, bakterielle Schicht, die sich über die Zähne legt und den Zahnschmelz zerstört.

KARIES

Karies ist eine Entzündung der Zähne, die Schmerzen verursachen kann. Ohne professionelle Hilfe kann Karies zum Verlust der Zähne führen.

MUNDGERUCH

Die Ursachen können vielfältig sein, aber schlechte Mundhygiene und die Bakterien, die in deinem Mund wachsen, begünstigen den Mundgeruch in jedem Fall. Sorgfältiges Zähneputzen, tägliche Nutzung von Zahnseide und das Bürsten der Zunge sowie Mundspülungen können Mundgeruch bekämpfen. Sinnvoll ist es auch, die Zahnbürste viermal im Jahr zu wechseln und nicht zu rauchen.

Erfrischende Spülung

- 10 Minzblätter
- 1 kleiner Strauß Thymian
- Essbares Minz-Extrakt

Ein wenig Wasser aufkochen und auf die Kräuter gießen. Alles etwa 10 Minuten ruhen lassen und danach die Kräuter herausnehmen. Nun kannst du nach Belieben das Minz-Extrakt dazugeben. Nach dem Zähneputzen immer mit dieser Flüssigkeit den Mund ausspülen.

LIPPENBLÄSCHEN/HERPES

Herpes ist sehr ansteckend und schwer zu vermeiden. Er taucht oft in Form von Lippenbläschen oder ähnlich aussehenden Stellen auf und kann schmerzhaft sein. Rötungen, Brennen, Blasen- und Krustenbildung sind bei diesem Virus oft der Fall. Ist der Virus erst einmal aufgetreten, kann er im Laufe deines Lebens immer wiederkommen, meistens an derselben Stelle. Auch Fieber und eine Immunschwäche können auftreten.

Niemals solltest du Getränke, Strohhalme, Lipgloss oder deine Zahnbürste mit anderen teilen. Meide die Sonne und zu viel Stress, ebenso zu saures und scharfes Essen. Wenn du Herpes bekommst, geh nicht mit den Fingern an die Stellen oder versuche, die Kruste wegzukratzen!

Um den Juckreiz zu vergessen, kannst du an etwas Kaltem lutschen. In der Apotheke bekommst du spezielle Cremes und Pflaster zur Linderung.

BEHANDLUNGSMÖGLICHKEITEN

ZAHNSPANGE & CO

Wenn deine Zähne auf Dauer nicht den nötigen Platz für ihr Wachstum haben oder bei generellen Problemen mit deinem Gebiss kann der Kieferorthopäde helfen. Durch eine herausnehmbare und/oder feste Zahnspange können die Zähne auf lange Sicht korrigiert werden.

Zahnspangen gibt es in verschiedenen Varianten aus Metall, aus Porzellan, durchsichtig oder in verschiedenen Farben. Die Behandlungsdauer kann variieren, und auch wenn es dir manchmal wie eine Ewigkeit vorkommen sollte – letztendlich wirst du sehen, dass sich Aufwand und Zeit für das Ergebnis absolut lohnen!

MEINE HÄNDE

Unsere Hände sind unverzichtbare Hilfsmittel, immerwährend im Einsatz und außerdem ein Spiegelbild unserer selbst. Sie wollen gehegt und gepflegt werden, vor allem aber muss man vermeiden, dass sie sich zu wahren Bakterienschleudern entwickeln! Wasch dir nach jedem Toilettengang gründlich die Hände, ebenso vor jedem Essen, vor und nach dem Kochen und nach Kontakt mit fremden Menschen und Tieren.

Ein gutes Zeitmaß für gründliches Händewaschen: Um die Hände wirklich sauber zu bekommen, wasche sie etwa so lange, wie du brauchst, um das Lied »Happy Birthday« zu singen.

MANIKÜRE

- **Watte** (Wattebäuschchen oder Pads)
- **Nagelackentferner**
- **Nagelfeile und Nagelschere**
- **1 kleine Schüssel**
- **1 kleines Handtuch**
- **Körperöl**
- **Maniküréstäbchen**
- **Nagelhautknipser**
- **Handcreme**
- **Alkohol**
- **Nagellack**

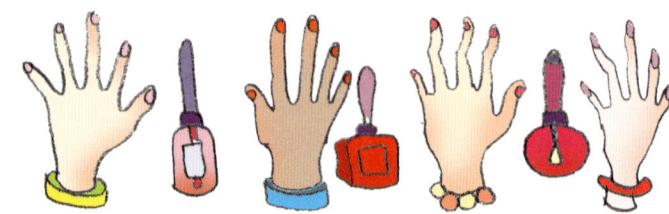

Wenn du bereits Nagellack auf den Nägeln hast, entferne ihn sanft mit etwas Nagelackentferner auf einem Wattebausch (oder einem Pad). Die Fingernägel nun je nach Geschmack stutzen und in eine Form deiner Wahl feilen. Für ein optimales Ergebnis sollte man die Nägel nur in eine Richtung feilen.

- Verbringt man zuviel Zeit im Wasser, kann das die Nagelsubstanz angreifen und die Nägel schwächen.

- Benutze deine Nägel nicht als Werkzeuge, um Dinge gewaltsam zu öffnen oder zu verschließen.

- Calcium, Vitamine und Gelatine stärken die Fingernägel.

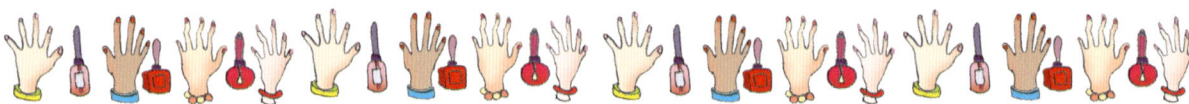

Die kleine Schüssel mit ein wenig lauwarmem Wasser füllen und die Hände darin für einige Minuten baden. Danach beide Hände mit einem kleinen Handtuch sanft abtrocknen. Nun massierst du ein wenig Körperöl in die Nagelhaut ein, das macht sie weicher.

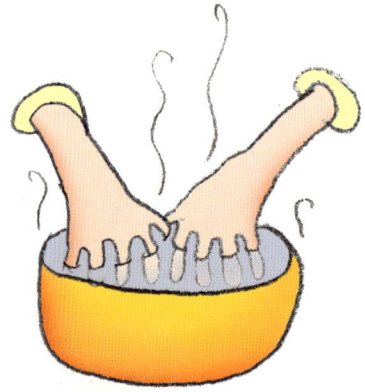

Jetzt kannst du problemlos die Nagelhaut mit der Spitze des Maniküréstäbchens hochschieben. Die nun abstehende Nagelhaut mit einem Nagelknipser abschneiden, aber wirklich nur das, was sichtbar absteht. Die Hände danach gründlich waschen und abtrocknen. Danach kannst du die Handcreme auftragen, am besten in die Hände einmassieren.

Wenn du deine Nägel lackieren möchtest, solltest du vorher alle Öl- und Cremereste mit einem in Alkohol getränkten Wattebäuschchen entfernen, damit der Nagellack besser haften kann. Nun den Nagellack sparsam auftragen, vorher den Pinsel am Hals der Nagellackflasche abstreichen, damit nicht zu viel Farbe auf den Pinsel kommt. Jeden Fingernagel nun einzeln von der Mitte aus von oben nach unten lackieren und danach trocknen lassen.

Feile niemals den Nagel als Ganzes, das kann zu Verletzungen der Nagelfläche und der Nagelhaut führen.

MEINE FÜSSE

Füße verdienen besondere Pflege. Immerhin tragen sie dich den ganzen Tag lang und in ihnen befinden sich 25% der Knochen von deinem Körper. Die geringste Abweichung oder Unordnung in der Ausrichtung der vielen Knochen kann gesundheitliche Probleme sowohl physischer als auch emotionaler Natur mit sich bringen. Außerdem regulieren die Füße deine Körpertemperatur.

PEDIKÜRE

- Watte (Wattebäuschchen oder Pads)
- Nagelackentferner
- Nagelknipser und Polierfeile
- Schüssel für die Füße
- Lauwarmes Wasser und flüssige Seife
- Bimsstein
- Eine Duftessenz deiner Wahl
- Zwei Handtücher (mittlere Größe)
- Körperöl
- Pediküréstäbchen
- Feuchtigkeitscreme
- Alkohol
- Nagellack

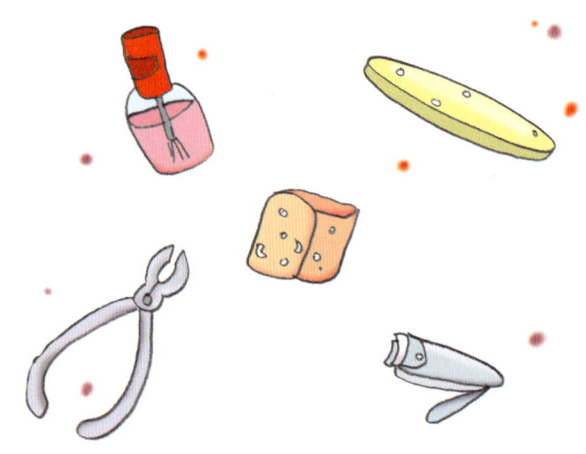

Sollten deine Fußnägel schon lackiert sein, entferne den Lack vorab mit Watte und Nagellackentferner. Jetzt die Fußnägel gerade abknipsen und mit einer Polierfeile polieren. Die Schüssel nun mit lauwarmem Wasser und einem Schuss flüssiger Seife füllen und den Bimsstein hineinlegen. Ein wenig Körperöl dazugeben. Wenn du möchtest, kannst du auch eine Duftessenz deiner Wahl dazumischen. Eines der Handtücher nun neben die Schüssel mit Wasser legen, sodass noch genug Platz bleibt, um die Füße später daraufzulegen. Lass die Füße für etwa 10 Minuten entspannt im Wasser ruhen. Dann herausnehmen und mit dem zweiten Handtuch abtrocknen. Auch die Nagelhaut an den Füßen bekommt nun ein wenig Körperöl, das macht sie weich und sie lässt sich anschließend sanft mit dem Pediküréstäbchen zurückschieben.

Vorhandene Hornhaut nun mit dem aufgeweichten Bimsstein sanft anrubbeln, dabei keine Stelle vergessen. Die Füße werden danach abgespült und gründlich abgetrocknet, bevor sie mit Feuchtigkeitscreme eingerieben und sanft massiert werden.

Wenn du deine Fußnägel nun lackieren möchtest, entferne vorher wieder alle öligen Reste mit einem Stück Watte, das vorher in Alkohol getränkt wurde. Damit du nicht mit deinen Zehen an bereits lackierte Nägel kommst und alles verwischt, kannst du etwas zusammengeknülltes Haushaltspapier in die Zehenzwischenräume stecken und die Zehen so auseinanderhalten. Ebenso wie die Fingernägel werden auch die Fußnägel dann von der Mitte aus von oben nach unten sparsam mit Farbe lackiert. Überschüssige Farbe am Pinsel wieder am Flaschenhals abstreichen. Danach alle Nägel gut trocknen lassen, bevor du Strümpfe oder Schuhe anziehst.

TIPP: Nagellack trocknet schneller, wenn du die lackierten Nägel unter kaltes Wasser hältst oder ihn trocken föhnst.

Gute und passende Schuhe sind unheimlich wichtig, um eine gesunde Körperhaltung und einen guten Stand zu gewährleisten. Auch verhindern sie Verletzungen und Verformungen der Füße, daher solltest du auf gute Qualität achten. Kaufe dir nie Schuhe, die zu klein sind!

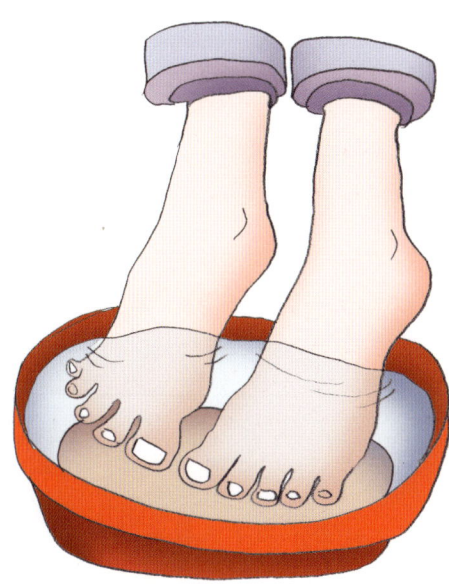

PROBLEME?

KÄSEFÜSSE

Wer Käsefüße hat, dessen Füße riechen unangenehm, was eine Folge sein kann von schlecht getrocknetem Schweiß, ungenügender Belüftung der Füße oder auch von ständiger Nutzung falscher Schuhe. Dagegen kann man angehen, indem man zum Beispiel Fußpuder benutzt, Strümpfe aus echter Wolle oder Baumwolle trägt und diese regelmäßig wechselt (spätestens, wenn sie vollgeschwitzt sind). Vor allem Turnschuhe und Schuhe aus Kunststoff, in denen die Füße schlecht »atmen« können, verursachen Käsefüße.

Hausrezept für Fußpuder

- ¼ Tasse Maisstärke
- ¼ Tasse Puder
- ¼ Tasse Sodabikarbonat
- 8 Tropfen Eukalyptus-Essenz

Alle Zutaten bis auf die Eukalyptus-Essenz in eine Schüssel sieben, während du langsam die Hälfte der Essenz hineintröpfeln lässt. Dann alles aus der Schüssel herausnehmen und nochmal hineinsieben, während der Rest der Eukalyptus-Essenz hinzugegeben wird.

FUSSPILZ

Der Fußpilz ist ein Organismus, der sich unheimlich schnell an den Füßen ausbreiten kann und der unbedingt ärztlich behandelt werden muss, bevor er sich noch weiter entwickelt. Typische Symptome sind Rötung, Nässen, Schuppung, Blasenbildung und Juckreiz, oft begleitet von Entzündungen.

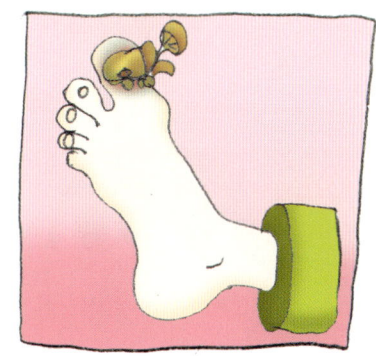

INFEKTIONEN DER FUSSSOHLE

Es gibt zuweilen schmerzhafte Infektionen, die sich anfühlen, als würden sich kleine Nadeln beim Gehen in die Fußsohle bohren. Vom Aussehen erinnert die Infektion manchmal an Schwielen und in der Mitte sieht man schwarze Pünktchen. Auch diese Erkrankung muss vom Spezialisten behandelt werden.

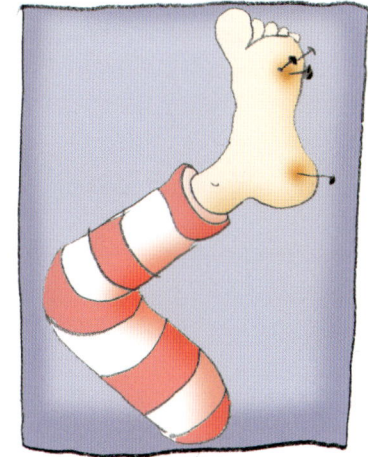

Um Fußpilz & Co zu vermeiden, sollte man an öffentlichen Plätzen und vor allem im Schwimmbad nicht barfuß gehen, sich immer gründlich die Füße abtrocknen, regelmäßig Fußpuder benutzen und niemals mit anderen die Schuhe tauschen.

MEIN MAGEN

Im Magen wird die gesamte Nahrung verdaut, die du am Tag zu dir nimmst. Dabei funktioniert der Magen in etwa wie ein Mixer: Er zerkleinert und vermischt das Essen so lange, bis eine verdauliche Paste entsteht. Durch die Magensäure werden dann alle Bakterien, die in der Nahrung sind, abgetötet, um anschließend in den Darm geleitet zu werden.

VERSTOPFUNG

Verstopfung bekommt man, wenn man Schwierigkeiten hat, die verdaute Nahrung auf der Toilette wieder loszuwerden. Das »große Geschäft« bleibt quasi aus, was zu Bauchschmerzen, Unwohlsein und dem Gefühl, dass der Bauch ganz hart ist, führen kann. Verstopfung kann beispielsweise durch zu wenig Sport oder zu wenig Flüssigkeit hervorgerufen werden. Achte bei einer Diät darauf, ausreichend Flüssigkeit und Ballaststoffe zu dir zu nehmen, sonst besteht Verstopfungsgefahr. Eine andauernde Verstopfung sollte immer von einem Arzt untersucht werden.

Häufig sagen wir: »Das ist mir auf den Magen geschlagen« oder »Das liegt mir schwer im Magen«, wenn wir Probleme haben oder uns etwas Sorgen macht.

DURCHFALL

Durchfall ist das genaue Gegenteil einer Verstopfung. Durch eine Infektion, durch Parasiten oder schlechtes Essen muss man unheimlich viel loswerden und verbringt viel Zeit auf der Toilette. Mit anderen Worten: Wenn die Stuhlentleerung häufiger als dreimal täglich stattfindet, hast du Durchfall. In diesem Fall solltest du noch mehr als sonst auf Hygiene achten und dir nach jedem Toilettengang gründlich die Hände waschen, denn Durchfall kann ansteckend sein. Am besten, du rufst deinen Arzt an, um die Ursache herauszufinden und das Problem besser lösen zu können. Langandauernder Durchfall kann dich dehydrieren, das heißt, innerlich austrocknen – und das kann ernsthafte, gesundheitliche Konsequenzen nach sich ziehen.

MEINE KNOCHEN

Bei der Geburt besitzen Babys an die 300 weiche Knochen, die mit der Zeit im Körper zusammenwachsen und sich auf 206 Knochen reduzieren. Die Knochen geben deinem Körper die nötige Struktur, die es dir erlaubt, dich zu bewegen. Außerdem schützen sie deine inneren Organe. Damit deine Knochen stark und gesund bleiben, brauchst du viel Calcium.

EINE GUTE KÖRPERHALTUNG

Eine gute Körperhaltung setzt eine gesunde Ausrichtung der Knochen voraus und kommt der Atmung, der Verdauung und der gesamten Muskulatur zugute. Wenn du dir von klein auf eine gute Haltung angewöhnst, beugst du Rücken- und Wachstumsproblemen, Buckelbildung und Problemen mit der Lungenkapazität vor. Die Körperhaltung wird negativ beeinflusst durch Stress und daraus folgenden Muskelverspannungen.

PROBLEME?

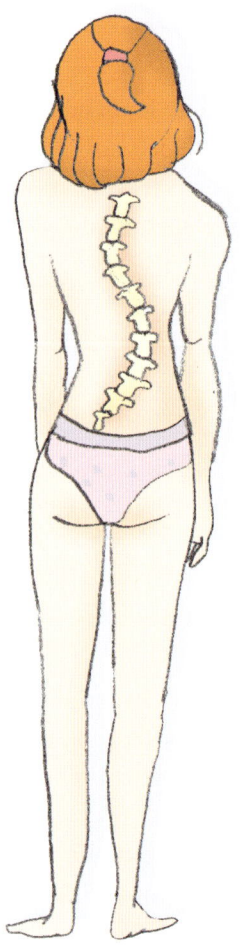

SKOLIOSE

Die Skoliose ist eine Rückrats-verkrümmung, die in Zeiten verstärkten Körperwachstums entstehen kann, wenn die natürliche Rundung der Wirbel-säule eine unnatürliche S-Form annimmt. Diese Verkrümmung lässt sich leicht bei jährlichen Gesundheitschecks beim Arzt feststellen und sollte nur von einem Orthopäden – ein Spezialist für Knochen – behandelt werden. Sie kann durch ein Stützkorsett, durch Physiotherapie oder eine Operation korrigiert und behandelt werden.

Ein Stützkorsett verhindert die Verschlimmerung der Skoliose.

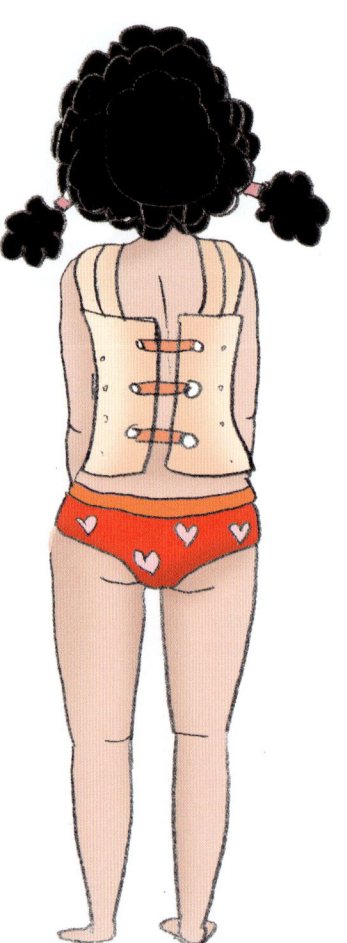

KNOCHENBRÜCHE & FRAKTUREN

Deine Knochen sind in ihrer Substanz hart und biegsam zugleich. Trotzdem können Knochen brechen, zum Beispiel durch einen Schlag oder einen Sturz. Es gibt Brüche und Frakturen verschiedener Grade, und alle sind sie schmerzhaft. Der Orthopäde kann dir bestätigen, ob es sich tatsächlich um einen Bruch handelt, und mittels Gipsverband oder Bandagen die Behandlung einleiten. Da es Körperteile gibt, die nicht eingegipst werden können, ist auch eine Behandlung durch Immobilisierung (vorübergehende Ruhigstellung von Körperteilen) möglich.

Gipsverbände gibt es in verschiedenen Farben und man kann sie prima mit Bildern bemalen oder alle Freunde darauf unterschreiben lassen, die sich sicher um dich kümmern werden, während du wieder gesund wirst. Möglicherweise bekommst du eine Physiotherapie verschrieben, nachdem der Gipsverband abgenommen worden ist. Diese ist notwendig, um die Beweglichkeit und Kraft des betroffenen Körperteils wieder optimal aufzubauen.

Nach der Behandlung nimmt der Arzt den Gipsverband mit einer Säge oder einer speziellen Schere wieder ab. Hab keine Angst, das tut überhaupt nicht weh. Die eingegipste Stelle sieht bestimmt sehr dünn und blass aus und die Haut kann an der Stelle ausgetrocknet oder faltig sein. Das ist ganz normal und sollte dich nicht weiter erschrecken.

Meine persönlichen Rezepte für die Schönheit

Make-up hat den Zweck, die schönsten Seiten deines Gesichts zu betonen, nicht aber zu verdecken. Es gibt nicht viele Dinge, die unansehnlicher sind als ein überschminktes Mädchen. Bei deinen ersten Make-up-Versuchen solltest du also nicht zu eifrig, sondern lieber Schritt für Schritt vorgehen. Ein wenig Wimperntusche, ein wenig Lippgloss, da kann man nichts falsch machen. Wenn du Lidschatten und Puder ausprobieren möchtest, solltest du erst zu Hause damit üben. Für dein Alter sind helle und blasse Farben am besten geeignet, da sie dezent sind und nicht so sehr auftragen. Eyeliner sollte man auch immer mäßig auftragen; ein dicker Lidstrich lässt dich schnell wie einen Waschbären aussehen.

SELBST GEMACHTE PFLEGEPRODUKTE

Honig-Lippgloss

- 1 Esslöffel Bienenwachs (gerieben)
- 1 Esslöffel Honig
- 1 Esslöffel Kakaobutter
- 1 Esslöffel Mandelöl
- ½ Teelöffel Vaseline

Das Bienenwachs und die Kakaobutter zusammen mit dem Öl und der Vaseline in eine Schüssel (mikrowellengeeignet!) geben und in der Mikrowelle die Zutaten schmelzen lassen. Wahlweise geht das natürlich auch im Topf. Nun den Honig dazugeben und alles gut miteinander verrühren. Die Masse nun in eine kleine saubere Dose (oder mehrere) gießen und gut abkühlen lassen.

Schimmernde Bodylotion

- 2 Esslöffel Aloe-Vera-Körpergel oder -Lotion
- ½ Teelöffel Glanzpuder
- Duftöle deiner Wahl
- 1 oder mehrere kleine Gefäße mit Deckel

Vermische das Körpergel mit dem Glanzpuder. Wenn du willst, kannst du ein paar Tropfen Duftöl für deinen Lieblingsduft dazugeben. Gib alles in ein Gefäß und benutze es als Körpercreme, um einen schönen Schimmer auf deine Haut zu zaubern.

SELBST GEMACHTE SEIFE

- Glyzerin
- 1 Messbecher mit Henkel (mikrowellengeeignet)
- Verschiedene Duftöle
- Spezielle Farbe für Seifen
- Plastik-Förmchen (ofenfest)

Lass dir von einem Erwachsenen helfen und schneide eine Scheibe Glyzerin ab. Dieses in der Mikrowelle schmelzen lassen und danach vorsichtig herausnehmen. Unter vorsichtigem Rühren ein paar Topfen Duftöl hineinträufeln lassen. Die Menge bestimmst du ganz nach deinem Geschmack. Nun kannst du ein wenig Farbe dazugeben, so lange, bis dein gewünschter Farbton erreicht ist, dabei immer weiterrühren. Sobald die Masse dicker wird, füllst du sie in die Plastik-Förmchen und lässt sie auskühlen. Du kannst die Seife aus den Förmchen drücken – genauso wie man Eiswürfel aus einer Eiswürfel-Form drückt.

Diese selbst gemachten Seifen sind ein ideales Geschenk für den Mutter-, Vater- oder Valentinstag. Kleiner Tipp: du kannst die Form der Seife auch dem Anlass anpassen!

SELBST GEMACHTES PARFÜM

- 1 Esslöffel Bienenwachs
- 8 Esslöffel Vaseline
- 1 Esslöffel von einer oder mehreren Öl-Essenzen deiner Wahl
- Kleine saubere Gefäße mit breitem Hals und Deckel

Ein gutes Parfüm sollte drei Aromen miteinander kombinieren. Wähle jeweils ein Aroma aus den folgenden Gruppen und stelle so deinen Lieblingsduft zusammen.

Das Bienenwachs und die Vaseline in der Mikrowelle einschmelzen und danach gut miteinander verrühren. Nun das Öl (oder mehrere Öle) dazugeben und zwei Minuten lang weiterrühren. Dann kannst du alles in ein oder mehrere Gefäße geben.

Frische
- Bergamotte
- Zitrone
- Limone
- Mandarine
- Minze
- Pfefferminz

Charakter
- Nelke
- Salbei
- Zeder
- Lavendel
- Zitronengras
- Majoran

Stärke
- Weihrauch
- Vanille
- Neroli (Öl aus der Pomeranze)
- Patchouli
- Rose
- Sandelholz

Bevor du Öle verwendest, solltest du vorher testen, ob du darauf allergisch reagierst. Verreibe einen Tropfen einer der Essenzen, bei denen du unsicher bist, auf der Innenseite deines Unterarms und warte eine Stunde ab, ob sich eine allergische Reaktion zeigt.

MODE

 Achte darauf, wie du dich hinsetzt. Gerade, wenn du einen Rock trägst, solltest du dich nicht zu breitbeinig auf einen Stuhl fläzen.

 Wähle dein Outfit dem Anlass entsprechend. In einem Abendkleid würdest du dich bei einem Picknick sicher nicht wohlfühlen.

 Versuche immer passende Klamotten zu wählen. Unbequeme Schuhe können beim Tanzen wehtun und behindern dich auch sonst.

 Benutze einen Gürtel, um deine Hosen in die richtige Position zu bringen.

 Handtaschen, Gürtel, Schals, Ohrringe und Ketten sind Accessoires, die jedes Outfit weiblicher und spezieller erscheinen lassen.

 Kaufe nur Klamotten in deiner Größe. Große Größen verbergen die Figur unnötig, ebenso wie zu enge Klamotten schnell unvorteilhaft aussehen.

TATTOOS

Tattoos (Tätowierungen) sind dauerhafte Bilder, die man auf den Körper »malt«, indem Tinte unter die Haut gestochen wird. Dieser Prozess ist schmerzhaft und birgt die folgenden Risiken:

 Virale Infektionen durch verunreinigte Geräte (mangelnde Hygiene)

 Bakterielle Infektionen

 Allergien (auf die Farben)

Viele Menschen haben ihre Tätowierung schon bereut. Ein Tattoo ärztlich per Laser wieder entfernen zu lassen, ist oft noch teurer als die Tätowierung selbst. Nur in seltensten Fällen ist die Haut danach schön anzusehen. Sollte dich dieser Körperschmuck anziehen, wäre es deshalb sinnvoller, mit der Entscheidung zu warten, bis du volljährig bist.

PIERCINGS

Hierbei wird der Körper aus ästhetischen Zwecken durchstochen. Auch das Piercen birgt ein Infektionsrisiko. Allgemein sieht man Piercings am häufigsten an den Ohren, aber heutzutage kann man es an jeder nur erdenklichen Körperstelle machen lassen. In den meisten Piercing-Studios ist das Piercen von Minderjährigen ohne die Erlaubnis der Eltern verboten.

Auftrag

Unbedingt das Rätsel lösen, wo die Babys herkommen. Ich glaube nämlich, meine Mutter erwartet eins.

Wie?

Meine Mutter äußerst aufmerksam und permanent wie ein Detektiv beobachten, um herauszufinden, wie das Baby sich in sie hineinschleichen konnte.

Hypothese

Da es sich in ihrem Bauch befindet, könnte es mit etwas zu tun haben, das sie mal gegessen oder getrunken hat.

Ob es das Essen war?
Oder ein Getränk?
Ob das ansteckend ist?
Hat meine Mama eine heimliche Operation gehabt?

Beobachtungen

22. Februar

Bin zu dem Entschluss gekommen, dass es den Klapperstorch, der laut meiner Oma aus Frankreich kommt und die Babys schon fertig zum Fläschchen geben und Windeln wechseln bringt, nicht gibt. Wie kann es denn sonst sein, dass der Storch die Babys schon fertig bringt, das Baby meiner Mutter aber noch in ihrem Bauch ist? Dieses Märchen glaube ich nicht mehr. Sobald ich die Wahrheit rausgefunden habe, werde ich meine Oma aufklären müssen. Die Arme scheint mir total durcheinander zu sein.

1. März

Habe haargenau dasselbe gegessen und getrunken wie meine Mutter und habe kein Baby. Der einzige Unterschied bestand in einem Glas Wein, das meine Mutter vor zwei Tagen getrunken hat, davon durfte ich nicht probieren. Wenn ich aber jetzt so darüber nachdenke: Meine Oma hat auch Wein getrunken, aber sie hat kein Baby.

5. März

Habe meine Mutter im Badezimmer genau beobachtet. Und auch im Ankleidezimmer. Es gibt nicht das geringste Anzeichen dafür, dass sie kürzlich eine Operation am Bauch hatte. *Operation unmöglich.*

8. März

Habe meine Freundinnen lange nicht mehr gesehen, um so viel Zeit wie möglich mit meiner Mutter zu verbringen. Glaube nicht, dass es ansteckend ist, fühle jedenfalls nichts Ungewöhnliches. Habe eigentlich schon genug. Noch ein Mittagsschläfchen neben ihr und ich kann nicht mehr …

15. März

Mein Papa muss ebenfalls in die Sache verwickelt sein. Habe jedenfalls noch nie erlebt, dass er so oft am Tag zu Hause anruft, um sich nach dem Baby zu erkundigen. Weder meine Schwester noch ich haben was Babyhaftes an uns, also muss er logischerweise das meinen, das angeblich im Bauch meiner Mutter ist.

17. März

Konnte das Rätsel bisher noch nicht lösen, werde aber nicht aufgeben, bis ich es herausgefunden habe. Habe mich entschlossen, eines der 517 Bücher dazu zu befragen, die sich in meiner privaten Bibliothek befinden.

Selber Tag, um 14:19 Uhr

Da in dieses Rätsel Mann und Frau verwickelt zu sein scheinen, fallen Bücher über Geologie, Physik und Chemie schon mal weg. Bin zu dem Schluss gekommen, dass es sich hierbei um eine menschliche Sache handelt, setze also meine Hoffnungen auf die Biologie-Bücher.

Selber Tag, 20:32 Uhr

Gute Nachrichten! Laut dem Inhaltsverzeichnis in meinem Biologie-Buch wird auf den Seiten 123 bis 129 das Thema der „menschlichen Fortpflanzung" behandelt. Mit den Spuren, die ich bisher sammeln konnte, kann ich innerhalb weniger Stunden sicherlich einen vollständigen Bericht ablegen.

Schlussfolgerung
18. März, 15:11 Uhr

Habe von Anfang an richtig gelegen, es hat nichts mit dem Essen oder einer Operation zu tun. Was meinen Vater betrifft: Er ist in jedem Fall *sehr* in die Sache verwickelt! Es stellt sich heraus, dass meine Mutter Eier produzieren kann, ohne Federn zu haben. Und mein Vater hat Spermatozoen, das ist ein wissenschaftliches Wort für unsichtbare Kaulquappen. Die Kaulquappen von meinem Papa, allein 300.000.000 in einer Gruppe, veranstalten ein Wettrennen, um auf dem schnellsten Weg die Eier meiner Mutter zu finden. Die kommen alle aus dem Penis meines Vaters heraus und durch die Vagina meiner Mutter *in* meine Mutter hinein, besser gesagt durch dieselbe Stelle, durch die ich Pipi mache. Meine Oma wird mir das bestimmt nicht glauben, wenn ich es ihr erzähle! Was mich total wundert, ist, dass sich eine Kaulquappe und ein Ei, sollten sie aufeinander treffen, in ein richtiges Baby verwandeln können! Jedenfalls ist mir jetzt klar, wie es im Bauch meiner Mutter landen konnte. *Rätsel gelöst!*

Notizen: 🍎 Eine Schwangerschaft ist *immer* dann möglich, wenn ein Penis Kontakt zu einer Vagina hat, auch wenn hierbei keine Penetration (Eindringen in eine Körperöffnung) stattfindet. Wirklich jedes Mal, einschließlich dem allerersten Mal und während der Menstruation. An jedem der 365 Tage im Jahr, auch wenn man vorher eine Aspirin schluckt, danach niest oder mit beiden Beinen auf dem Fußboden herumspringt. Egal, ob du sofort danach badest oder kurz davor – du kannst jedes Mal beim Geschlechtsverkehr schwanger werden, wenn du nicht verhütest.

🍎 Eine Schwangerschaft ist *nicht* möglich, wenn man sich mit der Zunge küsst, wenn man sein Eis mit dem Freund teilt, wenn man im Kino eine Sex-Szene sieht oder dein Freund deinen Busen berührt.

🍎 Sexualkrankheiten sind ansteckend. Verhütungsmittel sind die einzige Möglichkeit, eine ungewollte Schwangerschaft zu verhindern, und Kondome die einzig sichere Maßnahme, sich vor Krankheiten zu schützen.

🍎 *Bei sexuellen Beziehungen empfiehlt sich:*
Eine ernsthafte Liebesbeziehung zu führen // Ein regelmäßiger Besuch beim Frauenarzt // Ein Verhütungsmittel mit dem Freund zu vereinbaren // Reifes und verantwortungsvolles Verhalten

🍎 Schlussfolgerung: Keine der eben aufgeführten Voraussetzungen trifft auf meine persönliche Situation zu. Ich bin definitiv *nicht bereit* dafür.

Diese Notizen für später aufheben!

ENDLICH FANGEN SIE AN ZU WACHSEN!

Für die meisten Mädchen ist das beginnende Wachstum der Brust mit einem neuen Lebensabschnitt voller vielleicht bisher unbekannter Emotionen verbunden. Entscheidet man sich zum ersten Mal, einen BH zu tragen, weil der Busen sichtbar wird, können Freunde und Erwachsene einen oft durch ihre Kommentare verletzen oder verunsichern.

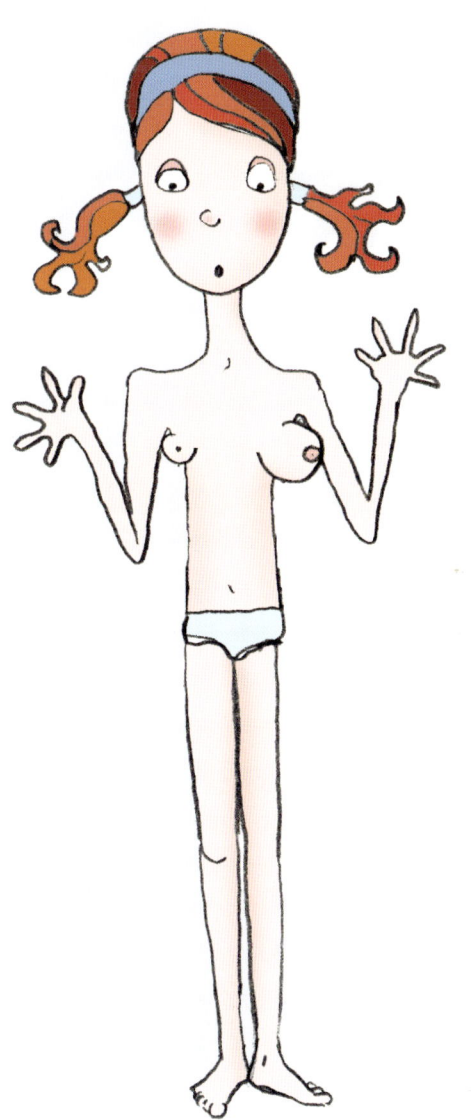

SIGNALE

Die Veränderung kommt nicht plötzlich über Nacht! Auch gibt es keine sichere Methode, um herauszufinden, wann es losgeht und wann es vorbei ist.

 Das Wachstum beginnt unter der Brustwarze.

 Die Brustwarze wächst und wird dunkler.

 Die Haut, die die Brustwarze umschließt, dehnt sich aus und wird ebenfalls dunkler.

 Die Brüste können spitzer erscheinen, das gehört zum Wachstum. Später werden sie rundlicher.

Manchmal ist eine Brust größer als die andere. Nicht erschrecken, das gleicht sich später wieder aus.

BHs KAUFEN

ES GIBT VIELE UNTERSCHIEDLICHE ARTEN VON BHs.

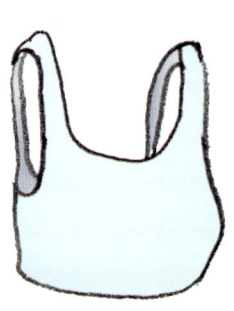
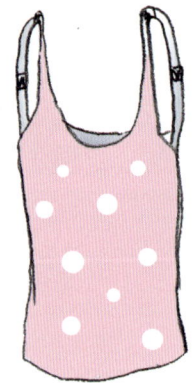
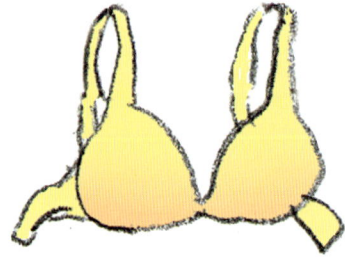

Sportliche BHs, die aussehen wie bauchfreie Sport-Tops.

Unterhemden mit variablen Trägern, falls du dich mit einem BH (noch) nicht wohlfühlst.

BHs mit Körbchen aus ganz verschiedenen Materialien, mit oder ohne Einlagen, mit oder ohne Bügel.

Es gibt Frauen, die sich ohne BH wohler fühlen, und Frauen, die diesen Halt als angenehm empfinden. Du entscheidest!

ICH FINDE MEINE GRÖSSE

Bitte die Verkäuferin, dir bei der Suche nach der richtigen Größe, die deinen Busen optimal stützt, zu helfen. Sie kennt sich auch mit der Einstellung der Träger und der Passform aus.

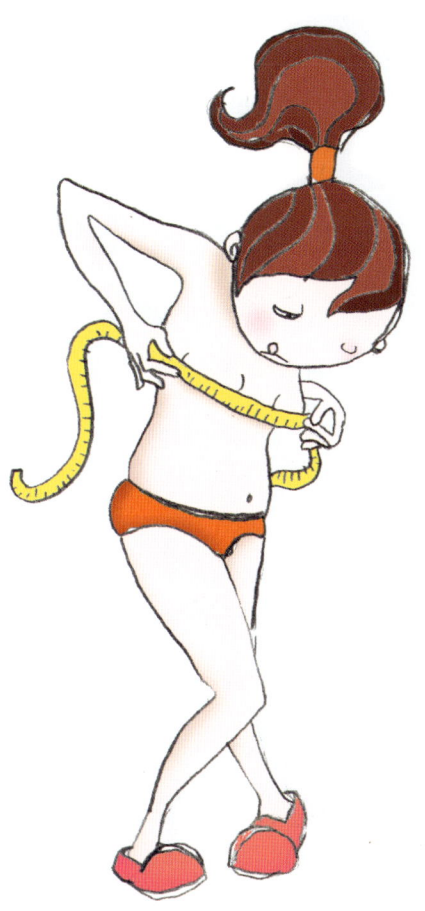

ÜBUNGEN FÜR EINEN SCHÖNEN BUSEN

- Kreuze deine Arme vor der Brust und drücke die Unterarme dann nach außen. Wiederhole die Übung zehnmal.

- Strecke das Kinn nach oben. Nun schnapp dir zwei gleichschwere Bücher. Nimm in jede Hand eins und strecke beide Arme Richtung Decke. Tief einatmen und die Arme zu den Seiten, danach nach hinten führen und dann wieder zurück in die Ausgangsposition. Jetzt ausatmen.

- Das Ganze fünfmal wiederholen.

KÖRPERBEHAARUNG

Generell erscheinen vor der ersten Menstruation feine Härchen an verschiedenen Stellen deines Körpers. Anfangs ist es nur ein feiner Flaum, der mit der Zeit voller und dunkler wird. Unter den Achseln und im Schambereich sind die Haare krauser, dichter und dunkler als an anderen Stellen, also auch zwischen den Beinen und Innenschenkeln. Manche Mädchen entschließen sich daher zu einer Depilation.

DEPILATION

Der Begriff »Depilation« bezeichnet mehrere Verfahren der Haarentfernung. Wenn du depilieren möchtest, wähle einfach die Methode, die für dich am bequemsten ist.

Während des Rasierens die Klinge immer mal wieder abspülen, damit die Haare sie nicht verstopfen.

Um Infektionen zu vermeiden, solltest du deine Rasierklinge mit niemandem teilen. Sie ist ein sehr persönlicher Gegenstand.

PRO
Nassrasieren ist einfach, kostet nicht viel und tut nicht weh.

CONTRA
Du kannst dich schneiden, das Ergebnis ist nicht von langer Dauer und es macht die Haare dichter.

NASSRASUR

Rasiert wird mit einem Rasierer. Benutzt du ein elektrisches Gerät, befolge genau die Gebrauchsanleitung. Bei Nassrasierern gibt es spezielle für Frauen. Und so geht's:

 Die Haut gut befeuchten und die Stellen, an denen die Haare verschwinden sollen, großzügig mit Seife oder Rasierschaum einschmieren.

 Den Rasierer ganz vorsichtig über die Haut gleiten lassen – und zwar entgegen der Wuchsrichtung der Haare. An den Beinen beispielsweise von unten nach oben.

 Die rasierten Stellen gut abspülen und nach dem Abtrocknen mit ausreichend Feuchtigkeitscreme einschmieren.

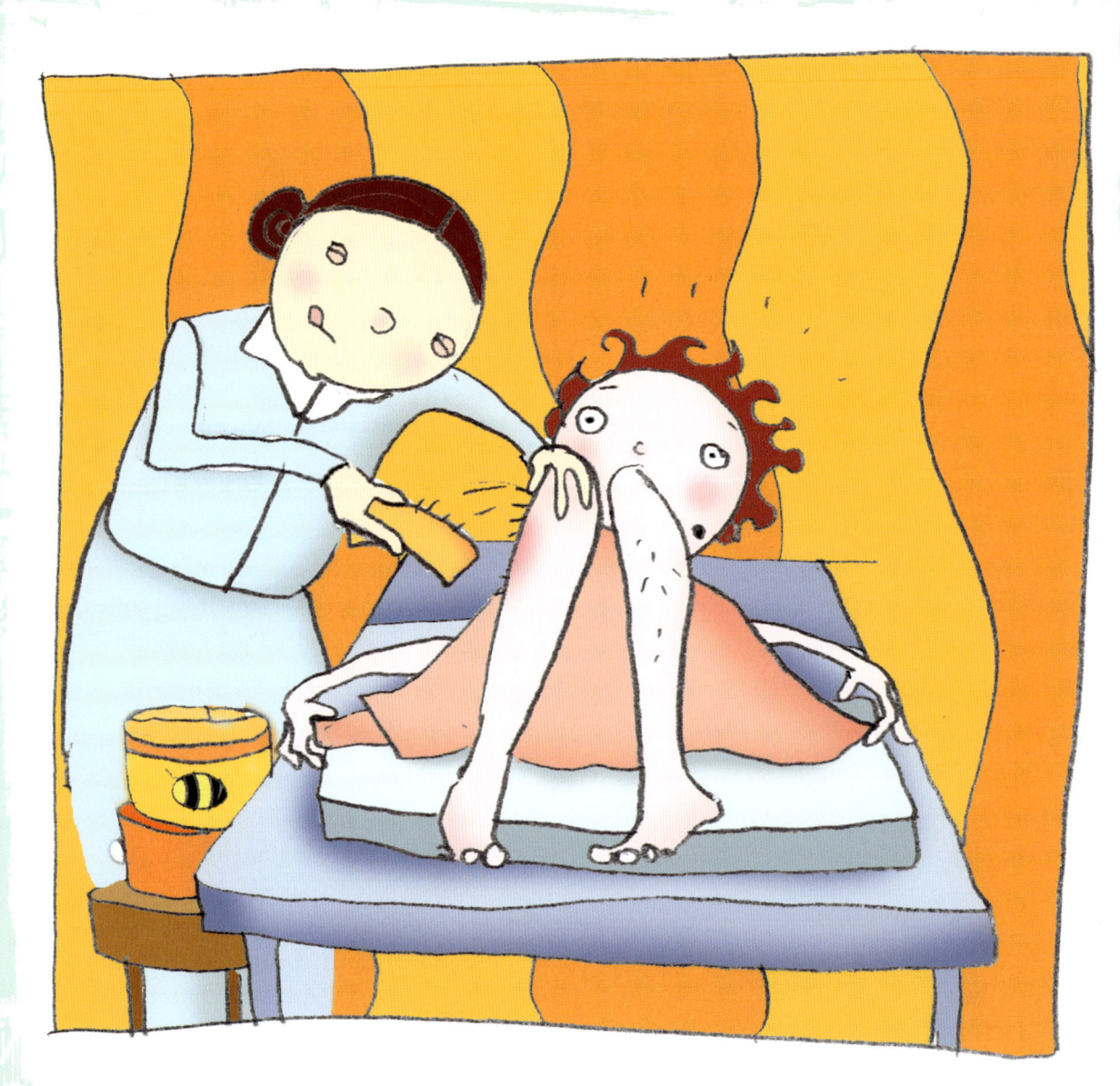

HEISSWACHS

PRO

Das Ergebnis hält lange an, da die Haare mitsamt den Wurzeln entfernt werden.

CONTRA

Schmerzhaft und teuer. Außerdem musst du warten, bis die Haare eine gewisse Länge erreicht haben, um sie wieder herausreißen zu können.

Heißwachs sollte man beim ersten Mal nicht ohne Hilfe ausprobieren. Am besten, man lässt es in einem Kosmetikstudio machen. Es gibt zwei verschiedene Sorten: wiederverwendbares Wachs und Heißwachs nur zum einmaligen Gebrauch. Beide Wachssorten werden zuerst geschmolzen und dann auf die Haut aufgetragen. Handelt es sich um Einweg-Heißwachs, legt man über die aufgetragene Wachsschicht ein Stück Papier oder Stoff und alles wird dann gegen die Wuchsrichtung mit einem Ruck abgezogen. Wiederverwendbares Wachs wird – ohne Papier – ebenfalls gegen die Wuchsrichtung der Haare abgerissen. Danach kann es gereinigt und ein weiteres Mal benutzt werden.

  # KALTWACHS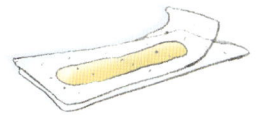

Da durch das Wachs Hautreizungen entstehen können, solltest du diese Enthaarung nicht an einem Tag vornehmen, an dem du eine besondere Verabredung hast.

Kaltwachsstreifen werden in den Händen angewärmt und sind nicht wiederverwendbar. Hier wird einfach die Schutzfolie aus Plastik nach dem Anwärmen abgezogen und der Streifen mit der Wachsseite auf die Stelle geklebt, die enthaart werden soll. Dann wird der Streifen ein wenig gerieben und entgegen der Wuchsrichtung der Haare abgezogen. Beachte hierbei die Gebrauchsanweisung, da die Handhabung je nach Produkt und Marke variieren kann.

ENTHAARUNGSCREMES

Nach dem Auftragen auf die Haut entfernen Enthaarungscremes die Haare, ohne dass man sie noch rasieren muss. Die Creme wird einfach aufgetragen und nach einer Einwirkzeit mitsamt den Haaren wieder abgewaschen oder mit einer Art Spachtel abgeschabt. Beachte die Gebrauchsanweisung.

PRO
Cremes sind leicht in der Handhabung, günstig und schmerzfrei.

CONTRA
Sie riechen meistens streng und können zu Hautreizungen führen. Das Ergebnis ist ähnlich wie nach einer Nassrasur.

EPILIERGERÄT

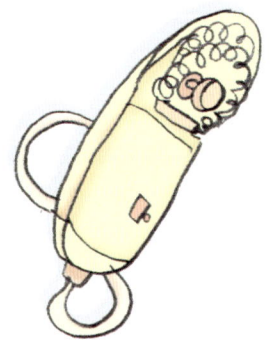

Ein Epiliergerät entfernt die Haare mitsamt der Wurzel, indem es sie um eine oder mehrere elektrische Federn wickelt. Das Ergebnis hält ähnlich lange wie bei einer Enthaarung mit Heißwachs.

LASER-EPILATION

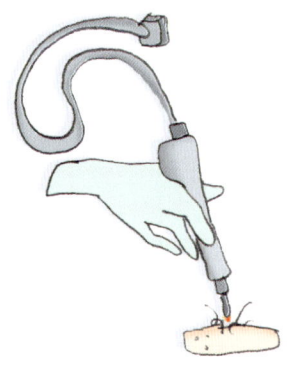

Mit dieser Methode lassen sich die Haare dauerhaft entfernen. Das Ergebnis kann man allerdings erst nach einigen Monaten und mehreren Behandlungen sehen. Die Kosten sind erheblich höher als bei allen anderen Methoden.

AUGENBRAUEN ZUPFEN

Bürste deine Augenbrauen in ihre natürliche Wuchsrichtung. Mit der Pinzette umschließt du nun, von der Lücke zwischen den Brauen beginnend, die einzelnen Härchen und reißt diese in Wuchsrichtung aus. Das setzt du nun entlang der Augenbraue weiter fort und entfernst so die abstehenden Haare unter der Braue. Über der Braue lieber nichts auszupfen.

HAST DU SIE SCHON?

Das Einsetzen der ersten Regelblutung ist ein Zeichen dafür, dass dein Körper sich langsam darauf vorbereitet, eines Tages ein Kind zu bekommen. Alles fängt mit einzelnen kleinen Hinweisen an. Bereite dich darauf vor!

AUSFLUSS

Möglicherweise bemerkst du Spuren einer milchigen Flüssigkeit in deiner Unterhose. Mach dir keine Sorgen, das ist völlig normal. Man bezeichnet diese Flüssigkeit als Ausfluss. Dieser kann unmittelbar vor der ersten Regelblutung auftauchen. Wenn du dich damit unwohl fühlst, kannst du Damenbinden oder Slipeinlagen benutzen, die sieht man nicht und sie schützen die Unterwäsche.

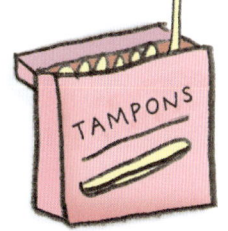

Wenn der Ausfluss eine gelbliche oder grünliche Farbe annimmt, seltsam riecht, juckt oder brennt, solltest du zu einem Gynäkologen gehen.

REGELBLUTUNG/ MENSTRUATION

Viele Mädchen sind in der Erwartung ihrer ersten Regelblutung gehemmt und unsicher. Damit du nicht total schockiert bist, wenn es dann soweit ist, solltest du dich vorher informieren, um genau Bescheid zu wissen: Was passiert da, was kann dabei in einem vorgehen, wie lange kann die Regel dauern und wie sollte man sich verhalten?

Von der ersten Regelblutung an bereitet sich dein Körper auf den Tag vor, an dem du Mutter sein wirst. Damit das möglich wird, muss außer der Regelblutung auch noch der Eisprung stattfinden. Wichtig zu wissen ist, dass diese beiden Dinge nicht notgedrungen zur selben Zeit anfangen.

❋ Wie alt warst du, als du die erste Regelblutung bekommen hast?

....

❋ Wie lange hat sie gedauert?

....

❋ Wann kam sie wieder?

....

❋ Wie fühlst du dich davor?

....

❋ Verändert sich deine Stimmung?

....

❋ Welche Hygieneartikel benutzt du?

☐ Damenbinden

☐ Tampons

☐ Beides

❋ Warum gerade diese Hygieneartikel?

....

❋ Hast du Veränderungen an deinem Körper bemerkt?

....

❋ Hast du einen regelmäßigen Zyklus (zwischen 25 und 35 Tagen, im Schnitt 28 Tage)?

....

❋ Wie viele Tage liegen zwischen den Regelblutungen?

....

❋ Beunruhigt dich etwas, das du mit deinem Arzt besprechen möchtest?

....

❋ Wie stark ist dein Ausfluss?

☐ Stark

☐ Mittel

☐ Schwach

Man nennt die Menstruation auch Regel, »seine Tage haben«, Monatsblutung oder Periode.

DIE FORTPFLANZUNGSORGANE

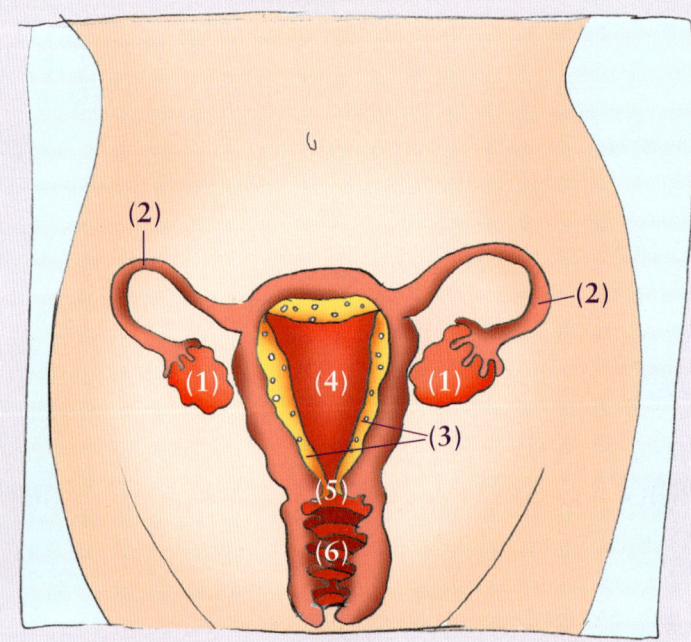

- Die Eierstöcke produzieren Hormone und Eier für die Fortpflanzung.

- Die Eileiter ragen aus der Gebärmutter heraus und enden in den Eierstöcken.

- Die Gebärmutterschleimhaut ist die Haut, die die Gebärmutter umhüllt, und jeden Monat zur Regelblutung führt.

- Im Grunde ist die Gebärmutter wie eine Tasche, in der das Baby während der Schwangerschaft wächst.

- Der Gebärmutterhals liegt unterhalb der Gebärmutter und verbindet sie mit der Vagina.

- Die Vagina ist die Verbindung zwischen der Gebärmutter und dem äußeren Teil des weiblichen Körpers.

(1) Eierstöcke

(2) Eileiter

(3) Gebärmutterschleimhaut

(4) Gebärmutter

(5) Gebärmutterhals

(6) Vagina

Bei Mädchen ist der Eingang der Vagina mit einem dünnen Häutchen bedeckt. Dies nennt man das Jungfernhäutchen. Das Jungfernhäutchen ist ein dünnes Hautgewebe, das wie ein Ring den Scheideneingang umgibt. Wenn ein Mädchen sein Jungfernhäutchen noch hat, gilt das in vielen Ländern noch immer als Beweis dafür, dass es noch keinen Geschlechtsverkehr hatte. Dabei kann das Jungfernhäutchen nicht nur beim Geschlechtsverkehr, sondern auf vielerlei Weise reißen: beim Sport, beim Petting (wenn du Zärtlichkeiten mit jemandem austauschst, ohne richtigen Geschlechtsverkehr zu haben) oder bei der Selbstbefriedigung. Egal also, ob du dein Jungfernhäutchen noch hast oder nicht: Es sagt nichts darüber aus, ob du schon mit einem Jungen geschlafen hast!

GENITALIEN

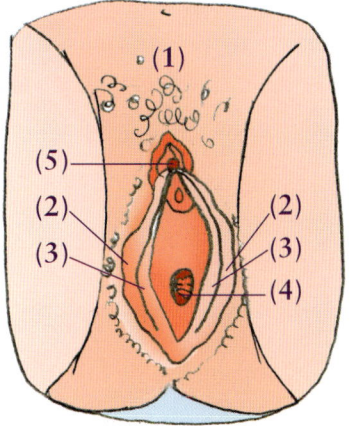

(1) Vulva (weibliche Scham)

(2) Äußere Schamlippen

(3) Innere Schamlippen

(4) Vaginalöffnung

(5) Klitoris

Wenn du deine Genitalien mit einem Handspiegel genau betrachtest, ist es das, was du sehen wirst.

- Die Vulva (weibliche Scham) ist der äußerliche Teil der Geschlechtsorgane. Sie besteht aus den inneren und den äußeren Schamlippen.

- Die äußeren Schamlippen sind zwei Hautfalten außerhalb der Genitalien, die als Schutz der Vagina dienen.

- Die inneren Schamlippen sind zwei kleinere Hautfalten, die den Eingang zwischen Harnröhre und Vagina schützen.

- Die Vaginalöffnung ist der Scheideneingang. Durch diesen führst du z.B. einen Tampon in die Vagina oder beim Geschlechtsverkehr den Penis des Jungen ein.

- Die Klitoris ist der Punkt, an dem die inneren Schamlippen zusammenkommen. Dieser Bereich ist stark mit Nervenenden durchsetzt und deshalb sehr sensibel.

ICH HABE EIER?!

Der Eisprung (Ovulation) ist ein Prozess, der mehrere Tage andauert. Er beginnt, wenn einer der Eierstöcke ein Ei (man sagt auch Eizelle dazu) auf die Reise durch die Eileiter schickt und dieses nach 14 Tagen dann in der Gebärmutter ankommt. Während dieser Reise kann die Eizelle auf ein Spermium treffen, sollte dieses durch Geschlechtsverkehr mit einem Jungen dort hineingekommen sein. Treffen beide aufeinander, entsteht eine Schwangerschaft. Passiert das nicht, wird die Eizelle nicht befruchtet und das Ei wird mit der nächsten Regelblutung ausgestoßen.

Denk nicht, dass diese Eier den Hühnereiern ähnlich sehen. Sie sind mikroskopisch klein; man kann sie weder sehen noch fühlen.

SCHON WIEDER WINDELN?!

Schäme dich niemals, eine Frau zu sein. Die Regelblutung ist die natürlichste und normalste Sache der Welt – Scham ist hier überhaupt nicht angebracht. Binden und Tampons sind notwendige Hilfsmittel während dieser Zeit.

DAMENBINDEN

❋ Binden sind Streifen aus gepresster Watte, ähnlich wie Windeln, aber längst nicht so dick und nicht so auffällig sichtbar.

❋ Entferne den Klebestreifen auf der hinteren Seite. Klebe nun die Binde auf die innere Seite deiner Unterhose.

❋ Hat die Binde Flügel, faltest du beide Flügel nach unten und klebst sie von unten an deine Unterhose, das schützt die Wäsche besser. Die Binde sollte man wechseln, bevor sie zu sehr durchnässt ist.

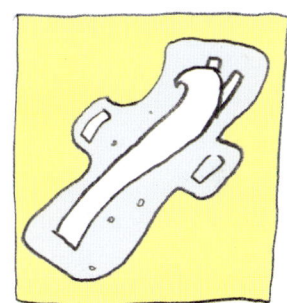

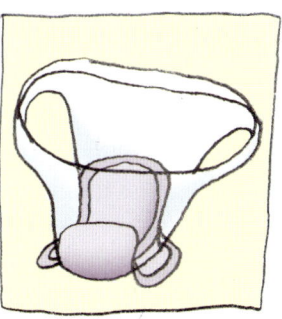

TAMPONS

Diese kleinen, fest gepressten Zylinder aus Watte, an deren Ende ein kleiner Faden hängt, führt man in die Vagina ein, um dort das Blut aufzusaugen. Hab keine Angst beim Einführen! Wasch dir vorher gründlich die Hände und versuche, eine Position zu finden, in der du die Beine bequem auseinanderspreizen kannst, zum Beispiel in der Hocke, im Liegen oder im Stehen, indem du einen Fuß höher stellst.

🌸 Entferne die Schutzhülle des Tampons und stelle sicher, dass das Bändchen nach unten hängt. Nimm den Tampon in eine Hand, während du mit der anderen die Schamlippen der Vagina vorsichtig auseinanderhälst.

🌸 Nun schiebe den Tampon mit dem Zeigefinger so weit wie möglich schräg nach hinten und oben in die Vagina hinein. Falls ein Widerstand zu spüren ist, ändere einfach ein bisschen die Richtung. Schiebe den Tampon langsam tiefer ein, bis du einen leichten Widerstand spürst. Das sind die Muskeln des Beckenbodens, die den Scheideneingang verengen. Du musst den Tampon über diese Schwelle hinwegschieben, damit er richtig sitzt und nicht wehtut.

Für die ersten Male kannst du dir auch Tampons mit Einführhilfe kaufen. Oder du probierst deinen ersten Tampon an den ersten beiden Tagen deiner Regel aus, dann ist die Blutung stärker und der Tampon gleitet leichter.

GUT ZU WISSEN:

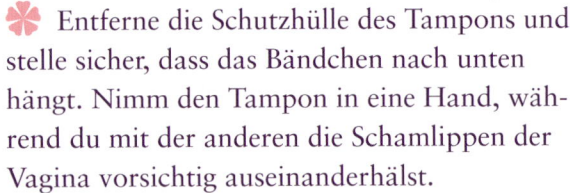

- Ein Tampon ist kein Verhütungsmittel! Er eignet sich nicht, um beim Geschlechtsverkehr das Eindringen von Spermien und eine Schwangerschaft zu verhindern. Im Gegenteil: Du solltest keinen Geschlechtsverkehr haben und gleichzeitig noch einen Tampon tragen. Das tut weh und führt eventuell zu Verletzungen.
- Du kannst dich mit Tampons frei bewegen und sogar damit Schwimmen gehen.

✱ Vergewissere dich, dass das Bändchen zwischen deinen Beinen baumelt, damit du den Tampon wieder herausziehen kannst. Der Tampon sollte sich völlig natürlich anfühlen oder am besten gar nicht spürbar sein. Wenn er wehtut, sitzt er nicht richtig oder nicht tief genug.

✱ Um den Tampon zu entfernen, setzt du dich am besten mit gespreizten Beinen auf die Toilette und ziehst vorsichtig am Faden nach unten, bis er draußen ist. Umwickele ihn mit Toilettenpapier und schmeiß ihn in den Müll. Niemals in die Toilette werfen! Keine Panik, wenn du das Rückholbändchen nicht finden kannst! Warte einfach ein Weilchen, bis sich der Tampon vollgesogen hat. Geh dann in die Hocke und drücke wie beim Stuhlgang. Dann kannst du den Tampon mit zwei Fingern greifen und herausziehen. Falls du den Tampon einmal nicht selbst entfernen kannst, wende dich an einen Frauenarzt.
Danach immer gründlich die Hände waschen.

WIE FINDE ICH DEN GEEIGNETEN TAMPON?

Führe einen Tampon mittlerer Größe ein und schaue nach vier Stunden, wie er aussieht. Wenn immer noch weiße Stellen zu sehen sind, reicht ein Tampon mit weniger Saugkraft. Ist der Tampon komplett vollgesogen, brauchst du einen mit stärkerer Saugkraft. Um dir die Auswahl der richtigen Tamponvariante zu erleichtern, haben Tampons meistens verschiedene Bezeichnungen auf der Packung, die ihrer Saugstärke und ihrer Größe entsprechen, wie z. B. »mini«, »normal« oder »super«.

TOXISCHER SCHOCK

Das Toxische Schocksyndrom ist ein schweres Kreislauf- und Organversagen, das sehr, sehr selten auftritt. Eintrittspforte für die Erreger kann prinzipiell jede eitrige Wunde sein. Man nimmt jedoch an, dass ein Teil der toxischen Schockfälle von infizierten Tampons stammen.

Zu den möglichen Symptomen zählen Muskelschmerzen, hohes Fieber, Ohnmacht, Schwindelgefühl, Erbrechen, Durchfall, abnormaler Ausfluss, geschwollene Augen und Ausschlag am gesamten Körper.

Stellst du irgendeines dieser Symptome fest, geh sofort zum Arzt. Sofort!

WENN DU MENSTRUIERST ...

Denk auch an die anderen! Umwickle Tampons oder Binden mit Toilettenpapier, bevor du sie wegwirfst.

Benutze niemals einen Tampon, bei dem bereits die Schutzhülle entfernt wurde, und vergiss auch nicht, den Tampon nach gegebener Zeit wieder herauszunehmen.

Blutflecken auf deinen Klamotten wäscht du am besten zuerst per Hand mit kaltem Wasser aus. Heißes Wasser fixiert den Fleck noch mehr. Danach: Ab in die Waschmaschine mit der Klamotte.

Erwischt dich die Regel mal unvorbereitet, kannst du ein wenig Toilettenpapier zum Schutz deiner Kleidung in die Unterhose legen, bis du zu Hause bist. Du kannst einen Pulli um die Hüften wickeln, um Blutflecken auf deinen Klamotten zu kaschieren. Für den Notfall kannst du das vorher zu Hause mal ausprobieren.

Binden oder Tampons? Das hängt allein von dir ab. Wähle aus, womit du dich selbst am wohlsten fühlst.

MENSTRUATIONSBESCHWERDEN

Möglicherweise fühlst du dich vor oder während der ersten Tage der Menstruation durch die hormonellen Veränderungen, die in deinem Körper passieren, ein wenig unwohl.

Lindert Unterleibsschmerzen

- 1 Salbeiblatt
- ¼ Tasse Mandelöl
- 1 Esslöffel Öl

Mithilfe eines Erwachsenen alle Zutaten etwa 2 Minuten lang erhitzen. Danach alles abkühlen lassen, das Salbeiblatt entfernen und in einen Behälter mit Deckel füllen. Nun den unteren Teil deines Bauches damit bestreichen und sanft einmassieren, bis sich dieser Bereich angenehm warm anfühlt.

UNTERLEIBSSCHMERZEN

Entspanne deine Muskeln in einem warmen Schaumbad mit sanfter Musik im Hintergrund.

Geh ein wenig spazieren oder schwimme eine Weile, das ist leichter Sport, der den Körper nicht zusätzlich stresst.

Kohlensäurehaltige Getränke sowie Essen mit zu viel Salz oder Zucker solltest du meiden.

DEPRESSION

KOPFSCHMERZEN

PICKEL

STIMMUNGSSCHWANKUNGEN

Iss mehr Hülsenfrüchte, Gemüse, Joghurt und kalziumreiche Lebensmittel.

❊

Versuch, nicht allzu viel auf den Beinen zu sein, mach es dir gemütlich und leg die Füße hoch.

Jetzt hast du die weltbeste Ausrede, um jemanden zu bitten, dir eine Rückenmassage zu geben.

SCHMERZEN UND DRUCK IN DER BRUST

FLÜSSIGKEITSANSAMMLUNG

VAGINALSPÜLUNG

Ärzte raten von dieser Methode der Reinigung ab, da sie in den natürlichen Chemiehaushalt der Vagina eingreift. Da die Vagina die Fähigkeit besitzt, sich von innen selbst zu reinigen, reicht eine gewissenhafte Säuberung von außen mit sanfter Seife und genügend lauwarmem Wasser aus.

WAS IST EIN BIDET?

Ein Bidet ist ein Gerät zur Reinigung der Genitalien und des Pos. Einige sehen aus wie Toiletten ohne Deckel, andere eher wie Handduschen. Bidets sind für die Körperpflege während der Periode sehr nützlich. Öffne den Wasserhahn und stelle die richtige Temperatur und den richtigen Wasserdruck für dich ein. Mit dem Wasserstrahl kannst du nun bequem Genitalien und Po waschen. Achte darauf, dass du das Bidet sauber hinterlässt.

MENSTRUATIONSTAGEBUCH

Ein Tagebuch über deine Periode zu führen, kann sehr nützlich sein, da du so schneller auf Unregelmäßigkeiten aufmerksam wirst und dich auch besser auf die nächste Regelblutung vorbereiten kannst. Solltest du Zweifel über irgendwas haben oder dir Sorgen machen, sprich mit deinem Kinderarzt oder – besser noch – mit deinem Frauenarzt darüber. Er ist der Spezialist in Sachen weiblicher Gesundheit und menschlicher Fortpflanzung.

Hol dir einen ganz normalen Kalender und benutze Textmarker oder Aufkleber, um die Tage zu markieren, an denen deine Regel kommt und an welchen sie wieder geht, welche Symptome du hast und wie stark dein Ausfluss ist.

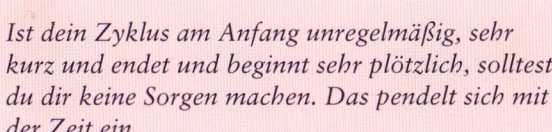

Ist dein Zyklus am Anfang unregelmäßig, sehr kurz und endet und beginnt sehr plötzlich, solltest du dir keine Sorgen machen. Das pendelt sich mit der Zeit ein.

REBELLIERT DEINE FIGUR?

An einem Tag hast du eine Wespentaille und am nächsten viel zu breite Hüften. Die Arme werden länger, die Beine auch und plötzlich passen dir die Schuhe nicht mehr. Das ist absolut normal und kein Grund zur Panik. Dein Körper durchläuft einen natürlichen Prozess der Entwicklung und Anpassung, und es ist unmöglich, diesen aufzuhalten oder zu beschleunigen. Dein Körper hat seine ganz eigenen Merkmale, die du akzeptieren lernen solltest, anstatt dein Leben lang dagegen anzugehen. Akzeptiere dich so, wie du bist. Wenn du mit deinem Körper im Einklang lebst, wirst du dich viel eher wohlfühlen und umso schöner aussehen.

Das Leben ist kein Schönheitswettbewerb!

RIECHE ICH HIER IRGENDWO SCHWEISS?

Die Talgdrüsen, die den Schweiß produzieren, sind in der Pubertät sehr aktiv und entwickeln einen starken Geruch. Schweiß allein ist nahezu geruchlos, die eigentliche Ursache für Schweißgeruch sind Ausscheidungen von auf der Haut lebenden Bakterien, die ihn verzehren. Um Schweiß zu bekämpfen, reicht eine tägliche Dusche. Wasche dich gründlich unter den Armen und benutze Deodorant oder Antitranspirant.

Das Deo bekämpft starke Gerüche und der Antitranspirant vermindert die Schweißbildung; Antitranspirante verstopfen die Schweißdrüsen, sodass den Bakterien die Nahrung entzogen wird und diese keine Ausscheidungen mehr produzieren können. Es gibt Deos und Antitranspirante in verschiedenen Formen: als Creme, als Spray oder sogar als Kristall und mit diversen Düften. Nach dem Duschen einfach unter den Armen verteilen.

WACHSTUMSSCHMERZEN

Mit dem Wachstum dehnt sich nicht nur das Gewebe an den Beinen, sondern auch deine Muskeln, Nerven und Sehnen, was zu Schmerzen führen kann, die man als Wachstumsschmerzen bezeichnet. Folgende Symptome können auftreten:

- Schmerzen in der Nacht, stark genug, um dich aufzuwecken.

- Morgens sind die Schmerzen dann verschwunden.

- Beanspruchung der Beine lindert die Schmerzen nicht.

- Die Schmerzen können aussetzen. Sie kommen und gehen scheinbar willkürlich.

- Solltest du zu starke Schmerzen haben, sprich mit deinem Arzt darüber.

Wachstumsschmerzen resultieren nicht aus dem Wachstum der Knochen; es ist das gesamte Wachstum deines Körpers, das sie hervorruft.

PICKEL

Die Hormone, die die Pubertät hervorlockt, produzieren ein Übermaß an Fett, den so genannten Talg. Talg neigt dazu, Hautporen zu verstopfen, und die Haut fühlt sich fettig und verschwitzt an. Das kann zu Akne führen, die auch erblich bedingt sein kann und meistens im Gesicht und am Rücken auftritt.

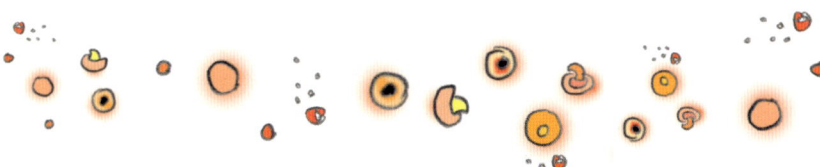

Peeling gegen Akne

- ¼ Tasse Hafer
- 1/3 Tasse Naturjoghurt
- 1 Esslöffel Bienenhonig
- 1 Esslöffel weißer Zucker

Vermische alle Zutaten und lasse diese solange ruhen, bis der Hafer ganz weich geworden ist. Verteile dann alles auf deinem Gesicht und massiere das Peeling mit sanften, kreisenden Bewegungen ein. Anschließend kannst du mit der Maske ca. fünf Minuten entspannen und zuletzt alles mit lauwarmem Wasser abspülen. Vermeide Kontakt mit den Augen.

»UNTERIRDISCHER PICKEL«

Das ist ein Pickel unter der Haut, der nicht aufplatzt. Er fühlt sich besonders unangenehm an und die Haut drumherum schwillt an. Versuche niemals, den Pickel auszudrücken! Er verschwindet von ganz allein wieder. Tipp: über Nacht Zinksalbe zum Austrocknen draufschmieren.

MITESSER

Mitesser sind winzige schwarze oder weiße Punkte, die auf der Haut erscheinen, wenn Hautporen durch Fett oder eine bakterielle Entzündung verstopft sind. Sie befinden sich im Gesicht vor allem auf der Nase oder auf der Stirn und am Kinn (der so genannten »T-Zone«).

Ein wenig Honig auf den Mitessern macht sie weicher und verhindert, dass sie sich entzünden.

AKNE/PUSTELN

Das sind bakterielle Infektionen, die entstehen, wenn eine große Pore aufplatzt, anschwillt und sich rötet. Wenn zu viele dieser Pusteln auftauchen, ist eine ärztliche Behandlung nötig.

SCHOKOLADE UND FRITTIERTES ESSEN VERURSACHEN AKNE

Wieder einmal muss ich meiner Oma widersprechen. Stell dir vor, sie hat gesagt, dass Schokolade und frittiertes Essen Akne verursachen. Da ich total süchtig nach Schokolade bin, konnte ich das so nicht glauben und habe beschlossen, dem auf den Grund zu gehen. Und ich hatte recht! Ich habe herausgefunden, dass man davon unheimlich zunehmen kann, es kann auch dem Blutzuckerspiegel schaden und dem Cholesterinspiegel – aber Akne bekommt man davon nicht. Nicht die Bohne!

WAS KANN AKNE VERSCHLIMMERN?

- Stress
- Die Periode
- Sich die Pickel auszudrücken
- Make-up auf Öl-Basis
- Sonnenöl
- Die Sonne
- Sich das Gesicht mit einem harten Handtuch abzurubbeln und damit die Haut zu reizen

REINIGUNG VON MITESSERN

Öffne deine Poren mit einer dieser Dampfreinigungsgeräte speziell für das Gesicht unter der Dusche mit dem Wasserdampf des heißen Wassers. Man kann auch selbst eine Dampfreinigung mit Teebaumöl machen – erkundige dich in der Apotheke danach.

Umwickle deine Zeigefinger mit einem Kosmetiktuch und presse vorsichtig den Mitesser von beiden Seiten aus. Das sollte einfach sein und nicht wehtun. NIEMALS mit den bloßen Fingernägeln auspressen.

Auch wenn Mitesser augenscheinlich schwarz aussehen, das Innere ist gelblich.

ERNÄHRUNG

Sich gesund zu ernähren, ist der Schlüssel zu einer guten Gesundheit, ausreichend Energie und allgemeinem Wohlbefinden. In deinem Alter spielt nicht nur das Wachstum und die Entwicklung in jeglichem Sinn eine Rolle, vielmehr eignest du dir in dieser Phase Gewohnheiten an, die dich für den Rest deines Lebens begleiten werden.

DU BIST, WAS DU ISST

Die Natur versorgt uns mit allen Nährstoffen, die wir benötigen. Diese zu nutzen, ohne zu übertreiben, ist wichtig. Sich gesund zu ernähren, bedeutet daher nicht, dass du ausschließlich Dinge essen musst, die du nicht magst. Besser ist es, die wichtigen Nahrungsmittel miteinander zu kombinieren, um eine ausgewogene Versorgung mit allen wesentlichen Nährstoffen zu gewährleisten. Die Menge macht's. Versuche herauszufinden, welche Portion für dich gesund ist. Solltest du an einer Krankheit leiden oder Mangelerscheinungen haben, sprich mit deinem Arzt über eine geeignete Diät.

Um mit genügend Energie in den Tag zu starten, solltest du das Frühstück keinesfalls überspringen. So beugst du auch dem Naschen zwischen den Mahlzeiten vor.

 Vermeide, nur um des Essens willen zu essen. Aus Frust oder Langeweile etwas in sich hineinzustopfen, kann Auswirkungen auf deine Figur und deine Gesundheit haben.

 Nimm keine Nahrungsergänzungsmittel oder Vitaminpräparate, ohne das vorher mit deinem Arzt besprochen zu haben.

 Vorsicht bei Produkten, die als »wahre Wunder« angepriesen werden, weil sie auf irgendeine geheimnisvolle Weise wirken sollen. Auch bei Produkten auf »absolut natürlicher Basis« sollte man darauf achten, dass diese ärztlich geprüft wurden.

So genanntes Fast Food solltest du nur in Maßen essen, da es sehr viel Fett enthält.

Versuche, viel frisches Obst, Gemüse, Hülsenfrüchte und Getreide zu essen und im Gegenzug dazu nicht zu viel Fett und Zucker.

Probiere keine Diäten aus, ohne dich vorher von einem Arzt untersuchen zu lassen. Das kann deinen Stoffwechsel gefährlich verändern!

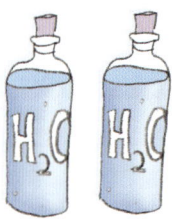

WASSER ist das wichtigste Element für den Menschen überhaupt. Zwei Drittel unseres Körpers bestehen aus Wasser. Daher musst du immer darauf achten, ausreichend Wasser zu trinken. Es gibt kein besseres Getränk für deine Gesundheit. Übrigens: Viel Wasser ist auch wichtig für eine schöne Haut!

CALCIUM stärkt die Knochen und die Zähne. Milchprodukte (besonders Sojamilch!), Fisch und Käse sind reich an Calcium.

BALLASTSTOFFE helfen bei der Verdauung und tun dem Herzen gut. Ballaststoffe findest du in Getreideprodukten, Samen, Hülsenfrüchten und in der Schale vieler Obstsorten.

EISEN ist wesentlich für die Versorgung des Körpers mit Sauerstoff durch das Blut. Eisen ist vor allem in Vollkornprodukten, Schalenfrüchten, in Innereien, Wildfleisch, Sojaprodukten und Bohnengemüse enthalten.

VITAMIN A ist überaus wichtig für Haut und Haar, die Augen, ein gesundes Wachstum und eine gute Entwicklung. Enthalten ist Vitamin A vor allem in angereichertem Getreide, Mangos, Melonen, Spinat, Brokkoli und Möhren.

VITAMIN B gibt dem Körper Energie, ist wichtig für die Hirnfunktion und für die Bildung der roten Blutkörperchen. Vitamin B ist in Reis, Nüssen, Avocados, Wild- und Hühnerfleisch, Fisch, Eiern, Hülsenfrüchten und trockenen Samen enthalten.

VITAMIN C schützt die Zähne und das Zahnfleisch. Vitamin C resorbiert überflüssiges Eisen und ist sehr hilfreich für das Immunsystem – eine körpereigene Abwehr. Man findet es in Zitrusfrüchten, Obst und Hülsenfrüchten.

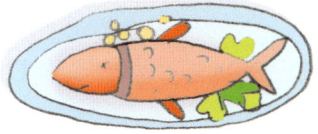

VITAMIN D stärkt die Knochen und reguliert den Calcium-Gehalt in deinem Körper. In ölhaltigen Fischen wie Lachs oder Aal findet man reichlich Vitamin D.

VITAMIN E schützt die Zellen des Körpers und ist in Getreidekeimen und Planzenölen enthalten. Butter, Nüsse und Gemüse wie (Soja-)Bohnen, Grünkohl, Schwarzwurzel und Spargel sind gute Vitamin E-Lieferanten.

VITAMIN K ist hilfreich bei der Proteinbildung und reguliert die Blutgerinnung im Körper. Vitamin K findet man in dunklen Hülsenfrüchten sowie in Sojabohnen und in Rapsöl. Aber auch grünes Gemüse wie Kohl, Spinat, Kohlrabi und Salat, Milch und Milchprodukte, Eier und Fleisch enthalten Vitamin K.

VEGETARIER

Es gibt zwei Arten von Vegetariern: Diejenigen, die Milch trinken, Fisch und Eier essen, und diejenigen, die gar keine tierischen Produkte zu sich nehmen (so genannte Veganer). Die Gründe für vegetarische Ernährung sind je nach Person und Kulturkreis verschieden. Wenn du Vegetarierin werden möchtest, informiere dich über die Nahrungsmittel, die die wichtigen Proteine, Vitamine und Mineralien ersetzen, die im Fleisch zu finden sind. Ein möglicher Eisen- und Vitaminmangel kann gegebenenfalls durch nahrungsergänzende Tabletten ausgeglichen werden.

Eine Ernährungsberaterin kann dir zeigen, wie man fleischlos isst. Fang keine vegetarische Diät an, ohne vorher mit einem Arzt darüber zu sprechen.

EIN ZAHN-STOCHER?

Während einige Menschen mit ihrem Gewicht kämpfen, weil sie zu dick sind, können andere gar nicht zunehmen. Das kann Veranlagung sein oder auch an einer langsameren körperlichen Entwicklung liegen.

Das ist kein Grund zur Sorge, denn jeder hat sein ganz eigenes Tempo im Wachstum. Denk immer daran und versuche nicht, durch unkoordiniertes Essen zuzunehmen, ohne vorher mit deinem Arzt zu sprechen.

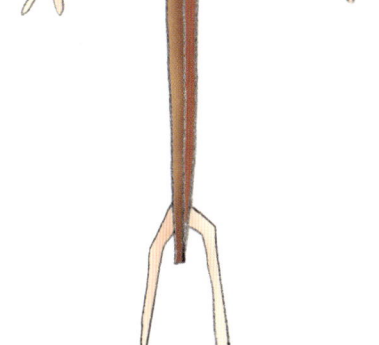

Schlechte Ernährung kann reizbar machen, zu Kopfschmerzen und Magenbeschwerden führen und die Zähne schädigen.

MEINE LUNCHBOX

Das Gute an einer Lunch-Box ist, dass du sowohl dein eigenes Menü aussuchen als auch an dessen Vorbereitung teilhaben kannst. Eine hausgemachte Torte ist immer leckerer als eine aus der Packung. Du kannst Obst und Sandwiches zur Schule mitnehmen, selbst gebackene Kekse oder andere gesunde Leckereien.
Wenn du in der Schulkantine zu Mittag isst, achte darauf, dass du von allem auf deinem Teller etwas zu dir nimmst, denn die Mahlzeiten beinhalten alles, was dein Körper braucht.

ALLERGIEN UND UNVERTRÄGLICHKEITEN

LAKTOSE

Als Laktose bezeichnet man den in Milch und Milchprodukten enthaltenen Zucker. Von einer Unverträglichkeit sind mittlerweile ziemlich viele Menschen betroffen. Eine Laktoseunverträglichkeit entsteht dadurch, dass der Körper den mit der Nahrung aufgenommenen Milchzucker nicht verdauen kann, was zu Magenbeschwerden, Blähungen, Koliken und Durchfall führen kann. Wenn du den Verdachst hast, an dieser Intoleranz zu leiden, lass dich von einem Arzt beraten.

MILCH

Eine Milchallergie ist nicht dasselbe wie eine Laktoseunverträglichkeit. Die Folgen einer Milchallergie sind unter anderem Hautausschlag, eine laufende Nase, Juckreiz und Erbrechen. Milchallergiker müssen alles meiden, in dem Milch enthalten ist. Eine ernsthafte Milchallergie kann im schlimmsten Fall tödliche Folgen haben.

ANDERE ALLERGIEN

Im Allgemeinen sind Allergien gegen Soja, Weizen, Eier, Nüsse, Fische und Meeresfrüchte sehr verbreitet. Sollte du eine ernst zu nehmende Allergie gegen eines dieser Dinge haben, wird dein Arzt dir ein Gegenmittel verschreiben. Dieses solltest du immer bei dir tragen, für den Fall, dass du etwas isst, das eine allergische Reaktion hervorruft.

ÜBERGEWICHT

Wenn das Körperfett die von Ärzten empfohlene Menge übersteigt, spricht man von Übergewicht. Dieses kann erblich bedingt sein oder zustande kommen, wenn ein Mensch mehr Kalorien zu sich nimmt, als sein Körper fähig ist zu verbrennen. Übergewicht kann das Selbstwertgefühl mindern, aber auch die Gesundheit im Allgemeinen schädigen.

Nur ein Arzt hat genügend Fachwissen, um zu bestätigen, dass du übergewichtig bist. Nicht die Freunde, nicht die Familie und auch nicht die Modezeitschriften.

FETTLEIBIGKEIT

Bei der Fettleibigkeit handelt es sich um eine chronische Krankheit, die sich durch erhebliches Übergewicht auszeichnet. Oftmals ist diese Krankheit erblich bedingt, manchmal wird sie aber auch hervorgerufen durch zu wenig Bewegung und schlechte Ernährung. Fettleibigkeit kann zu geringem Selbstwertgefühl führen, auf die Psyche schlagen und das Herz schädigen. Außerdem besteht ein höheres Krebsrisiko.

Um Fettleibigkeit zu bekämpfen, solltest du zunächst zu einem Psychologen gehen, um eine psychische Ursache auszuschließen. Mit einem Ernährungsberater kannst du dann ein Ernährungs- und Sportprogramm ausarbeiten. Fett- und zuckerhaltige Speisen solltest du unbedingt meiden und darauf achten, genügend Wasser zu trinken.

SPORT

Sport und Bewegung sind ein weiterer Schlüssel zu körperlichem Wohlbefinden und Gesundheit. Bist du in einem guten körperlichen Zustand, fühlst du dich auch gut, siehst gut aus, und kannst deine Pläne mit der entsprechenden Energie und guter Laune umsetzen. Außerdem kann es viele Vorteile mit sich bringen, wenn du es dir zur Gewohnheit werden lässt, regelmäßig Sport zu machen:

- Sport hebt das Selbstwertgefühl.
- Sport regt die Herz- und Lungenfunktion an.
- Sport baut Stress ab.
- Sport fördert Energie.
- Sport erhöht die körperliche Flexibilität.
- Man schläft besser.
- Sport beugt Übergewicht vor.

Solltest du in irgendeiner Weise eingeschränkt sein und dich nicht an regelmäßiges Training gewöhnen können, kann dir ein Arzt bei der Ausarbeitung eines auf dich abgestimmten Trainingsplans behilflich sein. Auch in Fitnessstudios helfen dir die Trainer, vor Ort die für dich richtigen Übungen zu absolvieren. Denk daran: Wir alle können und sollten regelmäßig Sport treiben.

SPORTLICHE ÜBUNGEN

AEROBIC

Aerobic trainiert das Herz und die Lungen und stärkt die Muskulatur. Versuche, mindestens zwanzig Minuten am Stück zu trainieren.

DEHNUNGSÜBUNGEN

Diese Übungen verbessern die Dehnbarkeit von Muskeln und Sehnen und beugen Verletzungen wie Verstauchungen oder Zerrungen vor.

KRAFTTRAINING

Krafttraining stärkt die Muskulatur und gibt dir – wie der Name schon sagt – Kraft. Zu Kraftübungen zählen zum Beispiel Liegestütze oder Hanteltraining.

🌿 Versuche wirklich jeden Tag ein wenig Sport zu machen. Es muss keine besonders intensive Übung sein oder an einem besonderen Platz stattfinden. Passe deine sportlichen Aktivitäten ganz deinem Alltag an, zum Beispiel, indem du die Treppe anstelle des Fahrstuhls nimmst.

🌿 Während des Sports Wasser trinken, ebenso davor und auch danach.

🌿 Trage beim Sport bequeme Kleidung und entsprechenden Schutz, je nach Sportart.

🌿 Eine vorübergehende Einschränkung oder Behinderung sollte dich nicht entmutigen. Auch wenn es ein langfristiges Problem ist – lass dir nicht den Spaß an der Bewegung nehmen.

🌿 Dehne deine Muskeln vor und nach dem Sport. Verweile für einen Moment in der jeweiligen Dehnungsposition. Dehne alle Bereiche des Körpers gleichmäßig.

🌿 Sobald du bei einer bestimmten Übung Schmerzen oder Unwohlsein empfindest: sofort aufhören!

🌿 Bei sehr intensivem Sporttraining kann manchmal die Regel ausbleiben. Wenn das passiert, sprich mit einem Arzt darüber.

Einige Übungen sind für mehrere Körperbereiche gesund. Schwimmen, Joggen oder Walking zum Beispiel wirken gleichzeitig auf Muskeln und Herz.

Du kannst deinem Körper mit verschiedenen Übungen und Sportarten das geben, was er benötigt. Finde die Sportart, die dir am meisten Spaß macht.

PILATES

Pliates vereint westliche und östliche Prinzipien der körperlichen Ertüchtigung. Die wesentlichen Prinzipien der Pilates-Methode sind Kontrolle, Konzentration, bewusste Atmung, Zentrierung, Entspannung, Bewegungsfluss und Koordination. So wird nicht nur die Dehnbarkeit des Körpers beeinflusst, sondern auch die gesamte Muskulatur gestärkt. Alle Bewegungen werden langsam und fließend ausgeführt, wodurch Muskeln und Gelenke geschont werden. Gleichzeitig wird die Atmung geschult.

YOGA

Es geht nichts über Yoga. Es ist einfach das Größte! Ich empfehle es der ganzen Welt. Alles, was meine Mutter mir zu Atmung, Vitalität und Konzentration, zu Flexibilität und Entspannung erzählt hat, ist wahr. Nach nur wenigen Unterrichtsstunden konnte ich schon die Löwenstellung, die Schlangen- und sogar die Hundestellung. Zum Geburtstag werde ich mir dieses Jahr eine Yoga-DVD und meine eigene Yoga-Matte wünschen. Ich träume davon, in unserem Garten Yoga zu machen. Umarme die Bäume, sprich mit den Blumen, fühle die Luft und berühre die Erde!

Die Meditation, wesentlicher Bestandteil des Yoga, ist ein Zustand völliger Entspannung, in dem du in dich selbst reisen kannst, um für eine Weile alle Alltagssorgen auszublenden.

PROBLEME?

WASSER IM OHR

Wasser, das im Ohr über einen längeren Zeitraum gefangen ist, kann eine Entzündung hervorrufen. Schüttle deshalb nach dem Schwimmen deinen Kopf kräftig jeweils mehrmals zu beiden Seiten, wobei du das jeweilige Ohr gen Boden richtest, damit das Wasser herauslaufen kann.

SEHNENSCHEIDENENTZÜNDUNG

Dies ist eine Entzündung der Sehnen, also des Gewebes, das die Knochen mit den Muskeln verbindet. Sehnenscheidenentzündungen treten vor allem im Bereich des Handgelenks auf, sind aber auch rund um das Sprunggelenk möglich. Eine solche Entzündung kannst du bekommen, wenn du beim Sport Schmerzen hast, aber trotzdem nicht aufhörst. Höre auf deinen Körper und halte inne!

KRÄMPFE

Das sind ungewollte und schmerzhafte Zusammenkrampfungen der Muskeln, die sich dann verhärten, zittern oder zusammenziehen. Solche Krämpfe können einhergehen mit intensivem Training, warmem Klima, Flüssigkeitsmangel, Wachstum, schlechter Ernährung oder auch Übergewicht. Eine der häufigsten Ursachen für sporttypische Muskelkrämpfe ist Magnesiummangel.

Wie kann ich Krämpfe vermeiden?
Trinke viel Wasser. Vor dem Sport. Während des Sports. Nach dem Sport.

Was kann ich dagegen tun?
Massiere die Stelle, bis der Krampf vorüber ist. Lege etwas Kühles darauf, wenn der Muskel sich zusammenzieht, und etwas Warmes, wenn er verkrampft ist. Auch eine Magnesiumtablette kann helfen.

TRÄUMEND ABSCHALTEN

Schlaf ist lebensnotwendig für dich. Während du schläfst, wächst und regeneriert sich dein Körper und wird mit neuer Energie aufgeladen. Dein Gehirn strukturiert Gedanken und verwaltet neue Informationen. Schlechter oder unruhiger Schlaf kann das Erinnerungsvermögen beeinträchtigen, ebenso die Konzentrationsfähigkeit und somit die schulische Leistung. Außerdem bekommst du schlechte Laune, hast mehr Appetit und die Haut kann geschädigt werden.

TIPPS FÜR EINE GUTE NACHT VOLLER SÜSSER TRÄUME UND ENTSPANNUNG

- ⭐ Versuche, eine Art Schlafroutine zu entwickeln, auch in den Ferien.

- ⭐ Sport solltest du während des Tages machen, nicht unbedingt, bevor du schlafen gehst.

- ⭐ Gönn dir ein entspannendes Vollbad vor dem Schlafengehen.

- ⭐ Nimm keine schweren Speisen oder Koffeinhaltiges zu dir, bevor du ins Bett gehst.

- ⭐ Wenn du im Bett liegst, lösche das Licht im Schlafzimmer. So kann sich das Gehirn auf die Nachtruhe vorbereiten.

- ⭐ Guck vor dem Schlafen keine aufregenden Filme, schon gar keine Horrorfilme.

- ⭐ Gewöhne dir nicht an, fernsehend einzuschlafen.

- ⭐ Gewöhn dich daran, allein zu schlafen.

⭐ Wähle bequeme Schlafklamotten aus natürlichen Materialien wie Baumwolle, die zur jeweiligen Jahreszeit passen.

⭐ Wenn du einige Nächte hintereinander schon nicht schlafen konntest, sprich mit jemandem darüber. Es könnte sich um einen Fall von Schlaflosigkeit handeln.

⭐ Trink während des Abends nicht zu viel Flüssigkeit, damit du nachts nicht so oft zur Toilette gehen musst.

In deinem Alter benötigt der Körper neun Stunden Schlaf, um sich völlig zu regenerieren. Manchmal ist es schwierig, das einzuhalten. Durch die Veränderungen in deinem Körper willst du vielleicht später ins Bett gehen ...

SCHLAFLOSIGKEIT

Schlaflosigkeit, auch Insomnie genannt, kann verschiedene Ursachen haben wie Überbeanspruchung, Sorgen, koffeinhaltige Getränke, zu schwere Speisen oder eine Erkältung. Auch wenn du an einem anderen Ort schläfst oder in einem anderen Klima, an das du nicht gewöhnt bist, kann das zu Schlaflosigkeit führen. Prüfungsangst, generelle Probleme in der Schule, eine bevorstehende Reise oder eine lang ersehnte Party am darauffolgenden Tag – das alles sind Gründe, die deinen Schlaf stören können. Wenn dies aber über mehrere Nächte passiert, sprich mit einem Erwachsenen darüber.

ALBTRÄUME

Alle Welt hat ab und zu mal Albträume. Im nächtlichen Schlafrhythmus treten Albträume vorwiegend in der zweiten Nachthälfte auf. Die Dauer schwankt zwischen wenigen Minuten bis zu einer halben Stunde und endet meist mit einem Aufschrecken. Albträume sind auf das Unterbewusstsein zurückzuführen, das Bilder und gelebte oder imaginäre Eindrücke vermischt oder sich so an sie erinnert. Auch zu wenig Schlaf oder die Nebenwirkungen einiger Medikamente können Albträume hervorrufen. Solltest du regelmäßig an Albträumen leiden oder immer denselben schrecklichen Traum erleben, könnte es sein, dass sich irgendein Problem in deinem Kopf festgesetzt hat, das du bisher nicht bemerkt hast. Vertrau dich jemandem an.

SCHLAFWANDELN

Mythos Schlafwandler:

Wenn du einen Schlafwandler triffst, versuche ihn vorsichtig wieder zu seinem Bett zu führen. Die Theorie, dass man Schlafwandlern Schaden zufügt, indem man sie aufweckt, stimmt nicht. Aber es könnte sein, dass er oder sie sich ein wenig erschreckt, wenn du ihn oder sie weckst.

Wenn ein Mensch im Schlaf aufsteht und herumläuft, dann schlafwandelt er. Auch wenn du rein theoretisch in deinem Alter schon an so genanntem Somnambulismus leiden könntest – die meisten Betroffenen sind erwachsen. Oft können Umstände wie Krankheit, verbunden mit hohem Fieber, oder Stress das Schlafwandeln begünstigen. Generell ist das aber kein ernsthaftes Problem.

ANGST VOR DER DUNKELHEIT

Viele Menschen haben Angst im Dunkeln, aber man sollte hierbei das Problem logisch betrachten: Glaubst du, dass ein Monster im Kleiderschrank lauert? Glaubst du, da versteckt sich etwas, das du nicht sehen kannst, weil nicht genügend Licht da ist?

Besprich dich ruhig mit jemandem, damit man gemeinsam eine Lösung finden kann. Ein kleines Nacht- oder Sicherheitslicht könnte schon helfen, oder du stellst die Dinge, die dir in deinem Zimmer Angst machen, einfach um. Guck dir keine Gruselfilme an, vor allem nicht vor dem Schlafengehen! Und mach deine Zimmertür nicht ganz zu.

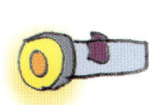

BETTNÄSSEN

In allen Altersstufen gibt es Menschen, deren Blase nicht genügend Kapazität hat, um den Urin zu speichern, den man während der Nacht produziert. Viele wachen einfach nicht rechtzeitig auf, und wenn sie wach sind, ist es schon zu spät und das Bett ist nass. Manchmal sind auch die Träume daran nicht ganz unschuldig. In den meisten Fällen aber hört das von allein wieder auf. Wenn du öfter diese Erfahrung gemacht hast und darunter leidest, findet sich sicher eine Lösung, wenn du mit deinem Arzt darüber sprichst. Der kann auch eine körperliche Ursache ausschließen. Trotzdem gut zu wissen: Für solche Fälle gibt es spezielle aufsaugende Unterwäsche zu kaufen. Deine Eltern helfen dir sicher, diese zu besorgen.

Du könntest auch jemanden, dem du vertraust, bitten, dich kurz aufzuwecken, bevor er schlafen geht. Dann kannst du noch mal auf die Toilette gehen.

MANIEREN, BENEHMEN, UMGANGSFORMEN

GUTE UMGANGSFORMEN

Mit einem angemessenen Benehmen wird man nicht geboren, man lernt es mit der Zeit. Gute Umgangformen helfen dir, dich jeder Umgebung und Kultur besser anzupassen und ein gutes Verhältnis zu Freunden und Lehrern aufrechtzuerhalten. Sie sind ein Zeichen von Respekt, dir selbst und den anderen gegenüber. Du kannst es bestimmt nicht ausstehen, wenn man ständig an dir herummeckert oder dich korrigiert – nun, deine Familie macht das sicherlich auch nicht gern, es ist einfach für alle ermüdend. Wenn du wirklich lernen willst, wie man sich anständig benimmt: Die Grundregeln sind kinderleicht.

HÖFLICHKEIT

Wir alle leben in einer Gemeinschaft. Würden wir dabei einige simple Regeln befolgen, wäre das Zusammenleben oft viel leichter und auch angenehmer.

- Biete deinen Sitzplatz älteren und behinderten Menschen und schwangeren Frauen an.

- Öffne die Tür für die Menschen, die Hilfe benötigen.

- Bist du auf einer Party und man bietet dir kleine Snacks an, dann übertreibe es nicht mit deiner Portion. Denk daran: das Essen ist für alle gedacht.

⭐ Bevor du in einen Fahrstuhl oder in öffentliche Verkehrsmittel einsteigst, lass erst die anderen Leute aussteigen.

MAGISCHE WORTE

Das mag dir vielleicht seltsam oder sogar selbstverständlich erscheinen, aber das Schlüsselwort »Bitte« ist immer von Nutzen. Es ist niemals verkehrt, freundlich zu sein; im Gegenteil: Freundlichkeit und Höflichkeit verschaffen einem Respekt und Aufmerksamkeit.

ENTSCHULDIGUNG

Wenn du eine Einladung nicht annehmen kannst, solltest du dich für dein Nichterscheinen entschuldigen. Ein kurzer Anruf oder eine E-Mail kosten nicht viel Zeit und werden von denen, die dich eingeladen haben, in jedem Fall geschätzt werden. Wenn du dich verspätest, ruf an und sag Bescheid. Wenn du eine Einladung erst einmal angenommen hast, gibt es für deine Abwesenheit keine Ausrede, außer du bist krank.

TAUSEND DANK

Es gibt viele Möglichkeiten, sich zu bedanken, und ebenso viele Gründe, es zu tun. Wenn du irgendwohin eingeladen wurdest, kannst du am kommenden Tag kurz anrufen, eine kurze Nachricht oder eine Karte schreiben oder sogar ein Bild malen, um dich zu bedanken, wichtig ist die gute Absicht. Wenn du eine Nachricht schreibst, muss diese nicht lang sein, Hauptsache, du vermittelst deine Dankbarkeit mit persönlichen und herzlichen Worten.

HALLO

Eine Begrüßung gehört zu den grundlegenden Regeln der Höflichkeit – immer und überall. Wenn du jemanden kennenlernst, vergiss deine Schüchternheit und begrüße ihn freundlich, nenne deutlich deinen Vor- und Nachnamen, indem du ihm dabei offen in die Augen schaust. Jede Kultur hat ihre eigene Form der Begrüßung. Wenn du irgendwohin verreist, informiere dich vorher darüber, damit du niemanden versehentlich beleidigst.

ES TUT MIR LEID

Wir alle machen ab und zu Fehler oder sind taktlos, ohne das in dem Moment zu beabsichtigen. Wenn dir das mal passiert, solltest du nicht zögern, dich dafür auch zu entschuldigen. Verletzt du nämlich die Gefühle von jemandem, ist dies das Mindeste, was er verdient hat.

Taten zählen mehr als Worte.

HALLO?

Wenn du jemanden anrufst, solltest du die Person, die ans Telefon geht, als Erstes freundlich begrüßen. Stell dich vor und frage dann nach der Person, die du sprechen möchtest. Nimmst du einen Anruf entgegen, der nicht für dich bestimmt ist, solltest du eine Nachricht notieren und dich vergewissern, dass diese auch ankommt. Denk daran, dass die betreffende Nachricht für den Empfänger vielleicht sehr wichtig sein könnte.

Auch wenn es dir heute total normal vorkommt, einen Jungen anzurufen, so gab es auch mal Zeiten, in denen das überhaupt nicht üblich war. Sollte ein Erwachsener etwas dagegen einzuwenden haben, könnt ihr sicher zu einer Einigung kommen, wenn ihr das gemeinsam besprecht.

SEI BEI ALLEM DU SELBST

Alles, was hier beschrieben ist, zählt nicht, wenn du es nicht ehrlich meinst. Wenn man etwas nur aus dem Gefühl der Verpflichtung heraus tut, dann kann das jeder sehen.

FAIRES SPIEL

Versuche zu begreifen, dass Dinge nicht immer so laufen können, wie es dir gefällt. Akzeptiere deine Fehler, nimm Niederlagen mit Reife und Gelassenheit hin und gratuliere dem Gewinner. Bist du mal die Gewinnerin, genieße deinen Sieg, aber ohne den anderen ihre Niederlage aufs Brot zu schmieren.

SCHLECHTE ANGEWOHNHEITEN

So wie gute Umgangsformen dir die Türen öffnen und dir bei neuen Freundschaften helfen, so können schlechte Angewohnheiten einen negativen Eindruck von dir vermitteln, und Freunde könnten sich von dir abwenden. Manchmal schleichen sie sich ein, ohne dass man es beabsichtigt. Sich von schlechten Angewohnheiten zu trennen, kann eine gute Gelegenheit sein, deine Willenskraft auszutesten und zu sehen, wie reif du schon bist.

FINGERKNACKEN

Die Faszination des Knackens mit den Fingern hat meistens mit dem Geräusch zu tun, das die Gelenke dabei machen. Es gibt keine Nachweise, dass dies Arthritis verursachen kann, sicher ist aber, dass es bei den Menschen in deiner Umgebung Unbehagen verursacht. Wenn du unruhige Finger hast, suche nach anderen Möglichkeiten, sie zu beschäftigen, Qi Gong-Kugeln (gut gegen Stress) zum Beispiel oder ein Stückchen Stoff.

NÄGELKAUEN

Wenn du an den Fingernägeln knabberst, werden bestenfalls deine Hände durch den unschönen Zustand deiner Nägel auffallen. Außerdem kannst du deinen Händen damit dauerhaften Schaden zufügen, indem du kleine Blutungen verursachst, ebenso wie bakterielle Entzündungen. Wenn du zum Knabbern neigst, versuche wirklich ernsthaft, diese Angewohnheit loszuwerden. Hände mit angekauten Fingernägeln sind einfach nur eklig. Abgewöhnen kannst du dir das Nägelkauen durch das Aufstreichen einer schlecht schmeckenden Tinktur. Diese erinnert dich immer sofort an deine schlechte Angewohnheit, wenn du anfängst, an den Nägeln zu kauen. Denn oft passiert das ganz unbewusst! Entsprechende Tinkturen erhält man in der Apotheke.

AN DEN HAARSPITZEN KAUEN

Wie viele schlechte Angewohnheiten schleicht sich auch diese ganz unbewusst in dein tägliches Verhalten ein, ohne dass du sie anfangs bemerkst. Eines Tages spielst du wie selbstverständlich mit deinen Haaren und wickelst einfach mal eine Strähne um den Finger. Am nächsten Tag schon steckst du die Strähne in den Mund. Bei einigen geht das sogar so weit, dass sie ihre Haare essen, was zu ernsthaften gesundheitlichen Problemen führen kann, denn es bilden sich dann große Haarknäule im Magen, wie es bei Katzen der Fall ist. Diese Angewohnheit ist deshalb unhygienisch und schädlich.

VERHASSTE KRUSTEN

Auch wenn es sehr verlockend erscheint und manchmal juckt, solltest du dir niemals die Krusten abpulen oder gar abreißen, die sich auf wunden Stellen bilden. Die verheilende Wunde könnte sich entzünden oder es könnte sich am Ende eine Narbe bilden. Wenn du eine Wunde hast, desinfiziere sie gründlich und klebe ein Pflaster darüber, dann heilt sie schneller.

NASALE FORSCHUNGSREISEN

Das beste Hilfsmittel, um die Nase von Rotz und Popeln zu befreien, ist immer noch das Taschentuch. Wenn du deine Finger zur Erforschung des Inneren deiner Nase benutzt, könntest du kleine Verletzungen hervorrufen. Eine Vielzahl von Bakterien gelangt so in deine Nase und es bilden sich Krusten auf den Wunden. So entsteht ein ewiger Teufelskreis: Du reißt die Krusten wieder ab, was zu neuen Blutungen führt, auf denen sich dann wieder Krusten bilden. Das wiederholt sich dann immer wieder.

DAUMENLUTSCHER

Die meisten Daumenlutscher sind es, seit sie Babys waren. Versuche, es dir abzugewöhnen, teste so deine Disziplin. Wenn du ohne Daumenlutschen nicht einschlafen kannst, probiere eine Alternative aus, vielleicht hilft ein Kuscheltier.

WER HAT HIER GEPUPST??!

Die Gasbildung ist Teil des Verdauungsprozesses. Das Problem liegt in der Anhäufung von Gasen, die zu Unwohlsein führt, sodass man sich ihrer entledigen muss. Wenn du das Bedürfnis hast, geh vorher zur Toilette. In der Öffentlichkeit zu pupsen, wird dir nur Hohn und Spott einbringen.

LAUSCHEN

Die Gespräche anderer Leute zu belauschen, setzt einen Mangel an Respekt voraus. Anfangs mag dir das vielleicht noch lustig erscheinen, aber spätestens, wenn du etwas hörst, das nicht für deine Ohren bestimmt ist, und du das Gehörte vielleicht falsch interpretierst oder du es gar nicht wissen wolltest, ist der Spaß vorbei. Das Gespräch könnte deine Gefühle verletzen. Es ist auch absolut nicht in Ordnung, wenn du heimlich das Telefon abnimmst, um die Telefonate anderer Menschen mitzuhören, indem du einfach ungefragt eine Dreier-Konferenz daraus machst.

Wenn du darüber nachdenkst, ob du etwas tun solltest, was du eigentlich für falsch hältst: **Tu es nicht!** *Die Intuition ist die Stimme deines Herzens.*

DIE NASE ÜBERALL REINSTECKEN

Du musst nicht alles wissen. Daher musst du auch nicht immer nach allem fragen, denn neugierige oder gar freche Fragen bringen zwangsläufig aggressive Antworten mit sich. Und wenn zwei Menschen sich etwas zu erzählen haben, wird eine Dritte nur stören.

LÄSTERN

Lästern, Klatsch und Tratsch – das sind Informationen, die durch deine Ohren hineinkommen, und dann, ohne einen wirklichen Grund, ungefiltert aus deinem Mund wieder herauskommen.

Du lästerst, wenn du

- Geschichten weitererzählst, bei denen du nicht sicher bist, ob diese wirklich wahr sind.

- Geheimnisse, die dir von anderen anvertraut wurden, nicht für dich behältst.

- Informationen, die erfunden wurden, um andere zu verletzen, weiterträgst.

- lückenhafte Informationen weitergibst, die eine völlig andere Version ergeben, wenn du sie wieder zusammenfügst.

- dir Zusatzinformationen ausdenkst, weil du nicht die ganze Geschichte gehört hast.

WIEDERKÄUEN WIE EINE KUH

In der Öffentlichkeit Kaugummi zu kauen, ist weder ästhetisch noch elegant, vor allem, wenn du dabei schmatzt. Vermeide einfach das Kaugummikauen, wenn andere sich dadurch gestört fühlen könnten. Wenn du das Kaugummi wegschmeißen willst, wickle vorher ein Stück Papier darum. Exzessives Kaugummikauen kann übrigens die Muskulatur im Bereich des Kinns aufbauen und am Ende siehst du aus wie ein Eichhörnchen, das seine Nüsse in den Backen hortet. Vermeide das Blasen bilden, nachher klebt dir nur das halbe Kaugummi im Gesicht.

FERNSEHSUCHT

Man kann unmöglich 45 Lieblingsprogramme haben. Der Fernseher ist ein Hilfsmittel, um eine Weile vom Alltag abschalten zu können. Keinesfalls aber sollte Fernsehen dich von irgendeiner anderen Aktivität abhalten, also zum Beispiel ein Grund sein, um nicht rauszugehen. Auch wenn es sich um eine unheimlich tolle Sendung handelt, versuche sie lieber aufzunehmen, um sie dir später anzuschauen.

»ICH ALLERÄRMSTE!«

In einigen Situationen ist es ganz normal, mutlos zu sein, vor allem, wenn du dir viel Mühe bei etwas gegeben hast, und die Dinge trotzdem anders gelaufen sind, als du es dir gewünscht hattest. Trotzdem – Selbstmitleid ist theatralisch und kann einfach albern wirken. Außerdem könnte es deiner Umwelt sehr schnell langweilig mit dir werden, wenn du ewig die Opferrolle spielst.

LANGFINGER

Stehlen heißt, dir etwas zu nehmen, ohne vorher um Erlaubnis gefragt oder bezahlt zu haben. Das ist eine unheimlich schlechte Angewohnheit, die sogar zur Sucht werden kann, wenn man ständig den Nervenkitzel braucht. Stehlen ist absolut nicht in Ordnung und zieht viele Konsequenzen nach sich. Nicht nur, dass du dich komplett blamierst, wenn du erwischt wirst, sondern du wirst höchstwahrscheinlich auch bestraft, da du eine kriminelle Handlung begangen hast.

FLUCHEN

Auch wenn es dir vielleicht witzig oder cool erscheint, zu fluchen und hässliche Wörter zu sagen, zeugt es in Wahrheit nur von Ignoranz und fehlendem Vokabular. Gewöhn es dir lieber gar nicht erst an, unflätig zu sprechen.

SUCHT

Eine Sucht ist eine seelische oder körperliche Abhängigkeit, die durch schlechte Angewohnheiten oder Substanzen wie zum Beispiel Drogen entsteht. Im Ernstfall kann eine Sucht so stark sein, dass man sich außer Stande fühlt, die Droge aufzugeben und ohne sie zu leben. Eine starke Sucht, nach was auch immer, ist sehr gefährlich und kann erhebliche Schäden, sowohl körperliche als auch geistige, mit sich bringen. Wenn jemand abhängig von etwas ist, glauben sein Verstand und sein Körper, nicht ohne das Suchtmittel leben und funktionieren zu können, aber das ist falsch. In deinem Alter gibt es einige Suchtmittel, die du kennen solltest, um vor ihnen gewarnt zu sein.

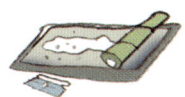

VIRTUELLES BLABLABLA

Das Internet ist eine geniale Erfindung, die das Lernen ebenso vereinfacht wie den Zugang zu Informationen erleichtert. Der Chat ist ein großer Fortschritt in der Kommunikation, der es dir ermöglicht, mit mehreren Personen gleichzeitig eine Unterhaltung zu führen. Trotzdem solltest du auch hier nicht übertreiben.

Teste Dich selbst, ob du vielleicht internetsüchtig bist:

✋ Gibt es Streit, wer wann online sein darf?

....

✋ Wirfst du Pläne und Aktivitäten über den Haufen, um chatten zu können?

....

✋ Regt es dich auf, wenn man dir sagt, dass du übertreibst?

....

✋ Lügst du in Bezug auf die Zeit, die du mit dem Chatten verbringst?

....

✋ Fühlst du dich besser, wenn du chattest, und lässt es dich Probleme vergessen?

....

Wenn du mehr als dreimal mit »Ja« geantwortet hast, solltest du dich auch nach anderen Möglichkeiten der Freizeitgestaltung umsehen.

QUALMENDE SCHORNSTEINE

Tabak enthält eine stark süchtig machende und überaus schädliche Substanz: Nikotin.

Nikotin schädigt das Herz und die Lungen und kann Krebs verursachen. Zigaretten verursachen außerdem einen schlechten Atem, schädigen die Haut, verfärben die Zähne und den unangenehmen Rauchgeruch bekommt man schwer wieder aus den Haaren und den Klamotten raus. Rauchen greift den Körper an und ist außerdem teuer.

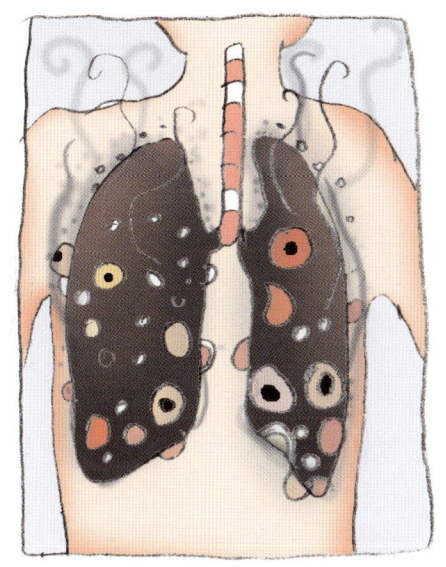

Viele Jugendliche fangen mit dem Rauchen an, weil sie glauben, es mache sie erwachsener und cooler. Andere fangen aus Neugier oder durch Gruppenzwang an.

Zigaretten, Zigarren oder Pfeife rauchen und Kautabak, den man in den Mund steckt, sind unterschiedliche Methoden, Tabak zu konsumieren.

HARMLOSE COCKTAILS?

Alkohol ist ein Gärungsprodukt und entsteht aus natürlichen Fruchtzuckern, Pflanzenzuckern oder Getreide. Es gibt viele verschiedene Sorten von Alkohol und sein Gebrauch variiert je nach der Absicht, die dahinter steckt. *Menschen können nicht jede Art von Alkohol zu sich nehmen!* Alkohol kann auch ein reines Desinfektionsmittel für Wunden, ein Bestandteil von Reinigungsmitteln oder in Schmerzmitteln enthalten sein. Am häufigsten aber stellt er ein Getränk dar.

Nach dem Verzehr wirkt Alkohol wie ein Antidepressivum, er greift das Nervensystem an und verzögert die Signale, die das Gehirn an den Körper schickt. Wenn jemand zu viel Alkohol getrunken hat, verlangsamen sich seine Reflexe, die Zunge wird schwer, der Gleichgewichtssinn ist gestört und derjenige kann auch leicht aggressiv werden. Ein Übermaß an Alkohol innerhalb kurzer Zeit kann zu einer Alkoholvergiftung führen – diese kann im schlimmsten Fall sogar tödlich enden.

DIE WELT DER DROGEN

Es gibt natürliche und künstliche Substanzen, die die Hirn- und Körperfunktionen verändern und auf unterschiedliche Arten eingenommen werden können: man inhaliert, spritzt oder schluckt sie.

MEDIKAMENTE

Medikamente sind Drogen, die dir durch einen Arzt verschrieben wurden, um eine Krankheit in den Griff zu bekommen. Die Gebrauchsanleitungen solltest du unbedingt penibel befolgen.

DROGEN

Drogen sind schädliche und süchtig machende Substanzen, die durch Dealer verkauft werden, und die es in verschiedenen Formen gibt: Tabletten, Pülverchen oder Kräuter.

Die Wirkung eines Medikaments kann sich auf fatale Weise verändern, wenn man es mit anderen Substanzen mischt.

Lass dir nichts erzählen, *Dealer sind nicht deine Freunde!* Sie wollen dich süchtig machen, um ihr Geschäft mit dir machen zu können. Sie tarnen Drogen als Süßigkeiten oder andere Dinge.

Alle Drogen, auch die legalen wie Tabak und Alkohol, verursachen ebenso viel Leid wie sie Euphorie erzeugen.

HIER EINIGE AUSWIRKUNGEN

 Hepatitis oder Aids durch das Benutzen von gebrauchten Spritzen oder durch ungeschützten Geschlechtsverkehr

 Halluzinationen, Verfolgungswahn und Gewaltausbrüche

 Depressionen, Schlaflosigkeit und Zittern

 Lungen-, Nieren- und Leberversagen

 Plötzlicher Tod durch eine Überdosis

Das Gehirn von Jugendlichen ist anfälliger für Drogen, weil es sich noch in der Entwicklung befindet.

SAG NEIN!!!

Deine Entscheidungskraft basiert auf deinem Wissen um diese Gefahren. Du musst die Kraft haben und »Nein« sagen, ohne dich von anderen manipulieren oder unter Druck setzen zu lassen.

DER WEG IN DEN ABGRUND

EXPERIMENTELLER GEBRAUCH
Das Ausprobieren von Drogen passiert oft im Freundeskreis – aus Neugier oder aus Trotz.

GEWOHNHEITSMÄSSIGER GEBRAUCH
Er beginnt, wenn man die Schule schwänzt, sich von seinen Freunden entfernt und anfängt mit Leuten abzuhängen, die auch regelmäßig Drogen nehmen.

BESESSENHEIT UND SUCHT
Wenn die größte Sorge in der Frage besteht, wie man schnell an seine Droge kommt, egal zu welchem Preis: stehlen, sich prostituieren oder selbst dealen.

ABSOLUTE ABHÄNGIGKEIT
Ohne Drogen nicht mehr zu funktionieren. Gleichzeitig wird das Problem verleugnet, man leidet unter Wahnvorstellungen, Selbstmordgedanken kommen einem in den Sinn, während soziale und familiäre Probleme sich ebenso zuspitzen wie die Probleme mit Freunden und in der Schule.

SO NENNT MAN ES AUF DER STRASSE

Pflanzliche Drogen: Marihuana, Gras, Hanf, Hasch, Dope, Weed, Ganja, Bong, Joint, Tüte.
Synthetische Drogen: Amphetamine, Speed, Koks, Ecstasy, Crack, LSD, Crystal Meth.

Wenn du meinst, die Lösung deiner Probleme liegt darin, von zu Hause abzuhauen, um in Ruhe machen zu können, was du willst, solltest du noch mal ernsthaft darüber nachdenken. In Wahrheit wird dich ein solcher Schritt nur in gefährliche Situationen führen und noch viel mehr Probleme aufwerfen! Sprich mit deinen Eltern und Personen deines Vertrauens. In jeder Stadt gibt es auch Hilfsorganisationen, an die du dich wenden kannst.

TRICHOTILLOMANIE

Dies ist eine Krankheit, die sich durch den unkontrollierbaren Drang äußert, sich Haare ausreißen zu wollen: die Augenbrauen, Wimpern und das Haupthaar. Auch wenn man bis heute nicht genau sagen kann, welche Umstände zu dieser Störung führen, ist es möglich, dass Stress und Angstzustände Mitauslöser sind. Indem sie sich die Haare ausreißt, erfährt die Person eine vorübergehende Erleichterung, aber danach stellt sich ziemlich schnell ein Gefühl der Scham ein und die Person versucht, den Umstand zu verheimlichen. Diese Krankheit benötigt schnellstmögliche medizinische Behandlung!

RITZEN

Es gibt Mädchen, die sich mit Rasiermessern oder anderen scharfen Gegenständen am Körper schneiden, wenn sie sich traurig fühlen oder verwirrt sind. Aufgrund dessen beginnen sie, sich von Freunden und ihrer Umgebung zu isolieren und verbergen die selbst beigebrachten Verletzungen. Die Gründe können vielfältig sein, von der Neugier, etwas Verbotenes auszuprobieren oder Aufmerksamkeit zu erlangen, bis hin zum vorübergehenden Gefühl der Erleichterung, weil der körperliche Schmerz von den eigentlichen Problemen oder seelischen Verletzungen ablenkt. Dieses Verhalten kann ein einfacher Impuls sein und auch zur Sucht führen. Die Krankheit muss schnellstmöglich medizinisch behandelt werden.

ESSSTÖRUNGEN

Sag mal, muss man denn unbedingt Modelmaße haben? Wozu denn überhaupt? Das allgemeine Bild der Frau, das überall zu sehen ist, hat doch nichts mit der Realität zu tun! Meine zuverlässigen Quellen berichten mir, dass die meisten Models dünner sind als 98% aller Frauen. Also, wer will sich da noch quälen, um so dünn zu werden? Es ist eine Sache, auf sich und seinen Körper zu achten, und eine ganz andere Sache, anorektisch (magersüchtig) oder bulimisch (essbrechsüchtig) zu sein, um das zu erreichen. Hey, hast du das auch verstanden? Das kann dich umbringen!

MERKMALE DIESER ESSSTÖRUNGEN

- Besessenheit deinem Gewicht oder deiner Kleidergröße gegenüber
- Drastische Gewichtszunahme oder -abnahme
- Permanentes Tragen zu großer Kleidung
- Ständig über das eigene Gewicht sprechen und sich dabei dick fühlen
- Verstecken von Lebensmitteln oder heimliches Essen
- Gar nichts essen oder vorgeben zu essen
- Zwanghaftes und exzessives Essen
- Übertriebene sportliche Aktivitäten
- Isolation von sozialen Treffen
- Einnehmen von unerlaubten Medikamenten zur Gewichtsabnahme

ANOREXIE ODER MAGERSUCHT

Diese Störung kann zum Tod durch Mangel an Nahrung und Nährstoffen führen. Mädchen, die an Magersucht leiden, sind so sehr davon besessen, an Gewicht zu verlieren, dass sie einfach aufhören zu essen. Oder sie essen nur sehr wenig und machen unkontrollierte, übertriebene Diäten, nur um nicht zuzunehmen. Auch wenn diese Mädchen an Gewicht verlieren, fühlen sie sich weiterhin zu dick und erkranken auf diese Art und Weise ernsthaft.

Ein schwaches Selbstbewusstsein und Perfektionismus sind Persönlichkeitszüge, die häufig schon vor Ausbruch der Erkrankung vorhanden sind. Schwierige Umstände zu Hause spielen ebenfalls eine Rolle, besonders schwerwiegend sind hierbei geringer Kontakt, emotionale Kälte, wenig Zuneigung und hohe Erwartungen. In Anorexiefamilien herrscht oft ein großes Harmoniestreben der Familienmitglieder untereinander: Auseinandersetzungen mit Konflikten und negativen Gefühlen (Wut, Zorn, Unsicherheit, Ängste) finden nicht statt.

BULIMIE

Dies ist eine weitere Essstörung. Im Allgemeinen halten sich an Bulimie erkrankte Mädchen beim Essen sehr zurück und ertragen den Hunger so lange, bis sie irgendwann nicht mehr können und dann, in einem heimlichen Anfall, übertrieben viel in sich hineinstopfen. Bei den Fressattacken werden meist die Nahrungsmittel gewählt, die ansonsten eher tabu sind: fett- und kohlenhydratreiche Dinge. Besorgt darüber, zu viel gegessen und/oder versagt zu haben, stecken sich an Bulimie erkrankte Mädchen dann den Finger in den Hals, um alles wieder zu erbrechen, oder nehmen Abführmittel ein. Bulimische Mädchen können unter-, normal- oder auch übergewichtig sein, sie haben jedoch meist ein sehr schlankes Körperideal. Zwei starke Bestrebungen bestimmen die Gefühle: enthemmtes, verschlingendes Essenwollen und der Wunsch, dünn zu bleiben oder zu werden.

WENN SPORT ZUR SUCHT WIRD

👋 Bist du enttäuscht von dir, wenn du nicht täglich Sport machst?

....

👋 Hast du Angst, zuzunehmen, wenn du nicht täglich Sport machst?

....

👋 Machst du lieber Sport als etwas mit deinen Freunden und deiner Familie zu unternehmen?

....

👋 Zwingst du dich auch dann zum Sport, wenn du krank bist?

....

👋 Wenn du mal mehr isst als sonst, machst du dann auch mehr Sport als normalerweise?

....

Wenn du mehrere dieser Fragen mit »Ja« beantwortet hast, solltest du überdenken, ob deine Einstellung zum Sport sich in einem normalen Rahmen bewegt – dieser ständige Kampf um den idealen Körper kann außer Kontrolle geraten und Essstörungen begünstigen.

ESSSUCHT

Zwanghaft zu essen heißt, die Kontrolle und den Überblick über das zu verlieren, was du isst. Manche treffen die falsche Wahl der Lebensmittel, andere nutzen die Nahrung, um mit ihren Gefühlen klarzukommen und empfinden Essen als eine Art Trost oder Belohnung. Esssucht ist eine ernsthafte Erkrankung, die zu schlimmen Depressionen, Konzentrationsschwäche und Schlaflosigkeit führen kann. Außerdem können selbstzerstörerische Tendenzen und Beziehungsprobleme die Folge sein, wenn man versucht, die Krankheit zu verstecken. Sollte dir eines dieser Symptome bestens vertraut sein, such dir professionelle Hilfe.

ZEICHEN

- Essen ohne Unterlass, ohne Hunger und ohne Grund
- Sehr schnelles Essen
- Sich niemals satt fühlen
- Essen aus Nervosität oder Einsamkeit
- Schamgefühl, ausgelöst durch exzessives Essen
- Heimliches Essen
- Schuldgefühle und Selbstzweifel
- Extreme Gewichtsschwankungen

ICH FÜHLE MICH LEER

Jeder von uns kennt Tage, an denen er »nicht so gut drauf« ist oder sich »deprimiert« fühlt. Solche Gefühle gehören zum Leben und verschwinden nach einiger Zeit meist von selbst wieder. Die Depression hingegen ist eine Krankheit, die einer professionellen Behandlung bedarf, da sie mit dauerhafter Niedergeschlagenheit sowie körperlichen und psychischen Störungen einhergeht.

- Sind deine Zensuren innerhalb kurzer Zeit sehr viel schlechter geworden?
- Fällt es dir schwer, dich zu konzentrieren?
- Schläfst du schlecht?
- Ist dir alles egal?
- Stehst du morgens auf und hast keine Energie?
- Nimmst du öfter zu und dann wieder ab?
- Trägst du viel Verantwortung?
- Isolierst du dich von den anderen?

Wenn du die Vermutung hast, dass in deinem Bekanntenkreis jemand depressiv sein könnte, sprich mit einem Erwachsenen darüber.

SAG »JA« ZUM LEBEN

Das Leben ist ein wunderbares Geschenk, das man niemals vergeuden sollte. Das Leben ist eine Chance. Der Sinn des Lebens allgemein besteht darin, sich klar zu machen, wer wir eigentlich sind, und dementsprechend bewusst zu leben. Und die größte Kraft im Leben ist die Liebe – zu uns selbst und zu anderen Menschen.

Wenn der Tod ein freiwilliger Akt ist, spricht man von Selbstmord oder Suizid. Die Gründe für Selbstmord sind ebenso verschieden wie die Menschen, die sich dazu entscheiden. Aber der Tod ist endgültig, hier gibt es keine Rückfahrkarte.

AB AUF DIE COUCH

Du bist keine Superheldin, es gibt nun mal Probleme, die einem aus den Händen gleiten. Hierfür hat man Therapien erfunden. Du bist nicht verrückt oder seltsam oder dumm, nur weil du eine Therapie machst, du bittest einfach um Hilfe und Unterstützung. Therapeuten sind spezialisiert darauf, dir zuzuhören, dir Ratschläge zu geben und dir zu helfen, sie werden dich weder verurteilen noch bestrafen. So eine Hilfe kann dir unheimlich gut tun und ist grundsätzlich eine streng vertrauliche Angelegenheit. Eine gute Therapie kann dir helfen, deine Stärken zu entdecken, um so die Probleme, die auf deinem Lebensweg auftauchen, auf gesunde Art und Weise zu lösen.

Zwischen dir und deiner Therapeutin oder deinem Therapeuten muss die Chemie absolut stimmen. Andernfalls wird dich die Therapie nirgendwo hinführen, weil das Wichtigste eine gute Vertrauensbasis ist.

Die praktische Seite des Lebens

DIE GASTGEBERIN DES JAHRES

Freundschaften und gemeinsame Partys sind ein wichtiger Bestandteil des Lebens. Du bist mittlerweile in einem Alter, in dem man die Verantwortung für die Organisation einer solchen Feier übernehmen kann. Um eine besondere Party ins Leben zu rufen, solltest du dir folgende Fragen stellen:

- [ ] Soll es eine Mottoparty werden?
- [ ] Steht dir ein Budget zur Verfügung?
- [ ] Wer ist für was verantwortlich?
- [ ] Hast du eine Gästeliste?
- [ ] Hast du bereits Einladungen verschickt?
- [ ] Wird es auf deiner Party Essen geben?
- [ ] Hast du an die Musik gedacht?
- [ ] Gibt es genügend Platz zum Tanzen?
- [ ] Wirst du Spiele organisieren?
- [ ] Brauchst du dafür Preise oder kleine Überraschungen?
- [ ] Haben deine Eltern gewisse Regeln für die Party festgelegt?
- [ ] Hast du auch schon an die Dekoration gedacht?

Überraschende Geschenkideen

Ich bin absolute Spezialistin, wenn es darum geht, das perfekte Geschenk für jeden Menschen zu finden. Nicht so wie Fiona, die hat unserer Mutter tatsächlich mal eine Zitronenpresse geschenkt! Kannst du dir das vorstellen?

Vier Punkte muss man beachten:
- Es ist der gute Wille, der zählt.
- Ein speziell für dich gemachtes Geschenk ist etwas ganz besonderes.
- Die Verpackung muss schon spektakulär sein.
- Geschenke müssen von Herzen kommen, nicht aus einem Gefühl der Verpflichtung heraus.

Überragende Geschenkideen
- Für meinen Papa eine selbst gestrickte Krawatte
- Für meine Mutter importierte Zitronen aus Mexiko
- Für Fiona selbst gemachte Schminke und Cremes
- Für meine Oma Lotion mit Glanzpartikeln für Partys
- Für meinen Sportlehrer hausgemachtes Fußpuder

Bessere Ideen gibt es nicht!

Maia

DIESE TORTE GEHT IMMER

Zutaten für den Teig:

- 3 Eier
- ¾ Tasse Zucker
- ¼ Tasse Öl
- 1 Teelöffel Backpulver
- 1 Tasse Mehl
- ½ Tasse Orangensaft
- 1 Prise Salz

Zutaten für die Füllung:

- ½ Tasse Zucker
- 1 Tasse Orangensaft
- 1 Eigelb
- 1 Teelöffel Maisstärke
- Puderzucker oder Streusel

Den Ofen auf 220°C vorheizen. Für den Kuchenboden zwei Kuchenformen, jeweils mit einem Durchmesser von 20 cm, einfetten und mit Mehl bestäuben. In einer Schüssel verrührst du nun 3 Eigelb mit ½ Tasse Zucker und gibst dann ¼ Tasse Öl hinzu.

Zwischendurch noch eine Tasse Mehl und einen Teelöffel Backpulver mit ½ Tasse Orangensaft vermischen und dazugeben. In einer zweiten Schüssel die 3 Eiweiß steif schlagen und ein Prise Salz dazugeben. Nach und nach insgesamt ¼ Tasse Zucker dazugeben.

Beide Mischungen werden nun vorsichtig zusammengefügt und vermengt. Verteile die Masse nun auf beide Kuchenformen und lasse alles im Ofen für 25-30 Minuten backen. Wenn du einen Zahnstocher in den Teig stichst und dieser sauber und trocken wieder herauskommt, ist der Kuchenboden fertig. Bevor du den Kuchenboden aus den Formen drückst, lass ihn noch ein wenig ruhen.

Für die Orangenfüllung gibst du jetzt ½ Tasse Zucker, eine Tasse Orangensaft, ein Eigelb und einen Teelöffel Maisstärke in einen Mixer und rührst alles ordentlich durch. Nun die Füllung in einem Topf langsam aufkochen und mit einem Holzlöffel sorgfältig umrühren, bis alles eine cremige Konsistenz angenommen hat. Die Füllung danach abkühlen lassen. Um nun die Torte zu bauen, bestreichst du eine Hälfte des Bodens mit der abgekühlten Orangenfüllung und bedeckst alles mit der anderen Hälfte des Bodens. Wenn du magst, kannst du die Torte rundherum mit Puderzucker bestäuben und Streusel darüber streuen.

DANCE, DANCE, DANCE

Tanzen macht nicht nur total Spaß, sondern man lernt auch jede Menge Leute dabei kennen. Vorausgesetzt natürlich, man kann tanzen und fühlt sich wohl dabei. Wenn nicht, kann aus dem erhofften Vergnügen schnell ein peinlicher Moment werden. Daher ist es wichtig, wenigstens die Grundlagen der verschiedenen Rhythmen zu lernen. Wenn dich ein Freund mal einlädt und sich die Gelegenheit zum Tanzen bietet, wirst du dich in jedem Fall sicherer fühlen und dich nicht lächerlich machen, indem du mitten auf der Tanzfläche hinfällst. Übe mit deinen Freundinnen oder allein zu Hause vor dem Spiegel – oder mit einem Erwachsenen, der tanzen kann. Oder du nimmst Unterricht. Außer dass es Spaß macht, ist Tanzen auch noch ein tolles Training – egal ob als Paartanz oder allein. Von Standard über Lateinamerikanisch bis hin zu HipHop: Es gibt für jede Stilrichtung Kurse. Aber das Wichtigste bleibt ein angenehmes Körpergefühl, lass Dich also nicht zum Tanzen zwingen, wenn du nicht magst oder dich unsicher fühlst.

WIE MAN EINEN TISCH DECKT

Lege einen Tischläufer oder eine Tischdecke auf den Tisch. Stelle die Teller jeweils in die Mitte eines jeden Platzes, sodass sie etwa einen Zentimeter von der Tischkante entfernt sind.

Bestecke werden logisch, das heißt bei mehreren Gängen von außen nach innen angeordnet. Die Bestecke für den ersten Gang liegen also ganz außen, die für den Hauptgang ganz innen und die für Speisen wie Käse oder Dessert oben quer über dem Teller. Bei nur einem Gang legst du die Gabel auf die linke, das Messer auf die rechte Seite des Tellers – mit der scharfen Seite nach innen. Die Serviette kommt unter die Gabel oder hübsch gefaltet auf den Teller. Wenn Löffel benötigt werden, lege diese entweder auf die rechte Seite des Messers oder oben über den Teller. Ein eventueller Dessertlöffel liegt in diesem Fall noch darüber, also außen, obwohl er zuletzt gebraucht wird. Das Glas oder die Tasse stellst du oberhalb des Messers auf die rechte Seite. Zum Abschluss den gedeckten Tisch noch einmal mit einem kritischen Blick prüfen und die Stühle zurechtrücken.

WIE VIEL TRINKGELD?

Wenn du mit deinen Freunden etwas essen oder trinken gehst, solltest du vorher herausfinden, ob das Trinkgeld für das Servicepersonal schon im Preis inbegriffen ist oder ob man an diesem Ort generell kein Trinkgeld gibt. Im Gastronomiegewerbe hat es sich im deutschsprachigen Raum eingebürgert, etwa 5 bis 10% des Gesamtbetrages als Trinkgeld zu geben, wenn man mit Speisen, Getränken und Service zufrieden war. Um das schnell auszurechnen, lässt du einfach die letzte Zahl in der Gesamtsumme weg. Beträgt die Gesamtsumme zum Beispiel 20,- Euro, gibt man ca. 2,- Euro Trinkgeld.

NICHTS VERGEUDEN

Wahrscheinlich bekommst du ein festes Taschengeld oder deine Eltern schenken dir ab und zu ein wenig Geld. Womöglich arbeitest du auch manchmal und verdienst so ein wenig dazu. In jedem Fall ist ein Sparkonto, auf das du jeweils die Hälfte oder ein Drittel deines Geldes einzahlst, eine gute Idee – und das nicht nur wegen der Zinsen, die du von der Bank bekommst. Auf diese Weise überlegst du es dir nämlich zweimal, bevor du dein Geld für etwas ausgibst, und wenn es nur der Weg zur Bank ist, den du dann scheust. Außerdem: Wer frühzeitig lernt zu sparen, hat die besten Voraussetzungen, ein gutes Verhalten im Umgang mit Geld zu entwickeln.

Zinsen nennt man den Betrag, den die Bank an dich zahlt, weil du dein Geld dort aufbewahrst. Wenn du also über einen längeren Zeitraum ein Sparkonto hast, wirst du dich wundern, wie viel am Ende so zusammenkommen kann.

AB INS WASSER!

Unabhängig davon, ob du Wasser magst oder nicht, sollte jeder Schwimmen lernen. Im Schwimmbad übst du nicht nur Ausdauer und Geschicklichkeit, sondern das Training gibt dir Sicherheit, im tiefen Wasser wie in Seen oder im Meer ohne Angst frei zu schwimmen. In einem Schwimmbad solltest du dich *niemals* einfach aus Spaß an jemandem festklammern, denn auf diese Weise sind schon sehr viele Unfälle passiert. Und gerade am Meer oder an Seen gilt: Sag *immer* jemandem Bescheid, wenn du ins Wasser gehst.

PASS AUF DICH AUF!

Unfälle kann man nicht voraussehen, aber es gibt Dinge, die man einplanen kann, falls mal ein Notfall passiert. Präge dir gut deine Adresse, Telefonnummer und die Namen deiner Angehörigen ein. Zusammen mit deiner Familie solltest du dir einen Menschen aussuchen, an den du dich im Notfall wenden kannst. Seine Kontaktdaten solltest du auch auswendig lernen. Auch ein Zettel im Portemonnaie mit wichtigen Telefonnummern kann hilfreich sein.

Tipp: Wenn du auf einen öffentlichen Platz gehst, vielleicht zu einer Veranstaltung oder ähnlichem, mache mit deinen Freunden einen Treffpunkt aus, an dem ihr euch wiederfinden könnt, solltet ihr euch im Gewusel mal aus den Augen verlieren.

Trage immer die Nummer der Polizei und des Notrufs bei dir. Ein Notruf kann von jedem Telefon aus immer kostenlos erfolgen – Münzen oder Telefonkarten brauchst du nicht. Dies gilt auch für Mobiltelefone. Hier wurden international die 112 sowie die 911 (die in Nordamerika üblich ist) als Notrufnummern eingeführt. Auch ohne SIM-Karte oder PIN kann man in vielen Ländern diese Nummern wählen und wird mit einer Leitstelle, wie Rettung oder Polizei, verbunden.

Wenn du einen Notruf tätigst, wirst du folgende Fragen beantworten müssen:

Wo geschah es?
Was geschah?
Wie viele Personen sind betroffen?
Welche Art der Erkrankung/Verletzung liegt vor?
Warten auf Rückfragen!

SICHERHEITSTIPPS

Unglücklicherweise gibt es auf der Welt Menschen mit bösen Absichten, die dir Schaden zufügen könnten. Schütze dich vor ihnen!

- Präge dir die Telefonnummern von den Menschen ein, die dir im Falle eines Falles helfen können.
- Merk dir die Notrufnummer 112.
- Vergewissere dich, dass deine Haustür immer gut verschlossen ist, und lass keine Fremden ins Haus.
- Schließe Freundschaft mit vertrauenswürdigen Nachbarn.
- Achte darauf, dass dir keiner folgt.
- Geh abends möglichst nicht allein auf die Straße und wähle immer Wege, auf und an denen viel los ist.
- Habe immer ein aufgeladenes Handy bei dir.
- Trage keinen auffälligen Schmuck oder zu schillernde Klamotten.
- Nimm nichts von Fremden an.
- Taxen immer telefonisch bestellen; halte keine Taxen auf der Straße an.
- Sag immer Bescheid, wo du hingehst und wo man dich finden kann.
- Meide Internet-Bekanntschaften.

MISSBRAUCH

Missbrauch ist eine durch Gewalt herbeigeführte und verbotene Handlung – eine absolute Gräueltat. Gründe für Missbrauch sind vielfältig und es gibt keine pauschale Erklärung, warum jemand zum Täter wird. Oft wird Missbrauchverhalten unter anderem auf die Kindheit zurückgeführt. Wenn beispielsweise ein Welpe andauernd geschlagen, geprügelt und gequält wird, gibt es zwei Möglichkeiten für seine weitere Entwicklung: entweder wird er ein besonders lieber Wach- und Beschützerhund oder er wird zu einer Bestie. Dazwischen gibt es nicht viel. Wie an einer Weggabelung entscheidet der Hund sich irgendwann für einen dieser beiden Wege und entwickelt sich dann in diese Richtung.

Bei Menschen kann so eine Misshandlung Narben, sowohl seelische als auch körperliche, hinterlassen, daher sollte niemand so etwas jemals erleiden müssen. Missbrauch gibt es in allen möglichen unterschiedlichen Arten und er kann offensichtlich, aber auch versteckt stattfinden. Missbrauch wird begangen und erlitten von Leuten jeden Alters, jeder Kultur, jeden Geschlechts, jeder Religion, aus jedem Land. Du darfst niemals einen anderen Menschen missbrauchen oder zulassen, dass dies jemand mit dir tut. Wenn dir oder jemand anderem, den du kennst, so etwas passiert, hole immer sofort Hilfe!

Was kann ich tun?
Wenn du unsicher bist, ob das, was ein Erwachsener/eine Erwachsene mit dir macht, Missbrauch ist, verlass dich auf dein Gefühl. Du merkst genau, dass an der Situation oder an der Berührung irgendwas nicht stimmt. Sprich mit einer Person darüber, der du vertraust. Hol dir Hilfe! Es gibt in jeder Stadt Fachberatungsstellen. Dort werden deine Sorgen streng vertraulich behandelt. Trau dich unbedingt auch dann Hilfe zu holen, wenn du bedroht oder erpresst wirst.

VERBALER/EMOTIONALER MISSBRAUCH

Beschimpfungen, Herabsetzungen, Drohungen und verletzende Bemerkungen zählen genauso zum Missbrauch, wie jemandem andauernd zu erzählen, er wäre wertlos und nicht liebenswert. Auch die Vorenthaltung von Zärtlichkeiten und Zuneigung, so genannter Liebesentzug, gehört dazu.

KÖRPERLICHER MISSBRAUCH

Wann immer Gewalt angewendet wird, um ein bestimmtes Ziel zu erreichen oder auch aus Spaß (so etwas gibt es tatsächlich!), ist das körperlicher Missbrauch. Dazu gehören Schlagen, Treten, Schütteln, Schubsen oder das Schlagen und Werfen mit Gegenständen nach jemandem. Leider kommen auch häufig Verbrennungen, an die Wand schleudern oder auch Stich- und Würgeverletzungen vor. Körperlicher Missbrauch wird meist wiederholt und mit vollem Bewusstsein den Menschen angetan. Körperliche Gewalt ist niemals ein erzieherisches Mittel!

SEXUELLER MISSBRAUCH

Sexueller Missbrauch kann mit Blicken und Worten anfangen (Äußerungen über deinen Körper, deine Brust, deinen Po) und mit Berührungen und Küssen weitergehen. Es kann sein, dass Erwachsene oder ältere Jugendliche sich nackt zeigen, vielleicht spielen sie vor deinen Augen an sich herum. Vielleicht zeigen sie dir pornographische Fotos, Zeitschriften oder Filme und wollen dich mit der Kamera aufnehmen, obwohl du das nicht willst. Vielleicht wollen sie dich an Brust, Po oder Scheide berühren oder du sollst sie an ihren Geschlechtsteilen anfassen.

FAHRLÄSSIGKEIT/VERNACHLÄSSIGUNG

Sie äußert sich durch fehlende Fürsorge den grundlegenden Bedürfnissen des Lebens gegenüber: Essen, Unterkunft, medizinische Versorgung, Bekleidung und Liebe.

MEINE PERSÖNLICHKEIT

Wir alle sind unterschiedlich und einzigartig in unserem Sein. Ebenso wichtig wie unser Körperbewusstsein, um ihn pflegen und erhalten zu können, ist es bedeutsam unser Inneres, nämlich den eigenen Charakter kennenzulernen. Erforsche und entdecke deine Talente, deine Interessen, deine Stärken und Schwächen. Dies wird dir helfen, dich in der Welt, die dich umgibt, besser zurechtzufinden und im Rahmen deiner Möglichkeiten deine Zukunft zu gestalten.

WIE BIN ICH?

Bei dem spannenden Abenteuer, dich selbst kennenzulernen, solltest du dir folgende Fragen stellen:

- Was würdest du gern lernen?
- Was zeichnet dich aus?
- Welches Schulfach macht dir am meisten Spaß?
- Was machst du gern in deiner Freizeit?
- Was würdest du in der Welt von heute verändern?
- Bist du eine Leseratte?
- Welche Bücher liest du gern?
- Magst du Musik?
- Gehst du gern ins Kino?
- Stehst du auf Kunst und gehst gern in Museen?
- Machst du gern Sport?
- Bist du gern draußen in der Natur?
- Oder bevorzugst du die Stadt?
- Welche Länder würdest du gern kennenlernen?
- Welche Sprachen würdest du gern sprechen?
- Arbeitest du gern allein?
- Arbeitest du gern in einer Gruppe?
- Bist du eine Führungsnatur?
- Bist du gesellig oder eher ein stiller Mensch?

- ☀ Lehnst du Autorität ab?
- ෆ Machst du alles gern immer so perfekt wir möglich?
- ☀ Hilfst du anderen?
- ෆ Magst du Abenteuer?
- ☀ Brauchst du Anerkennung von anderen?
- ෆ Bist du eine Träumerin und gern romantisch?
- ☀ Bist du eher neugierig oder eher gleichgültig?
- ෆ Bist du ein geduldiger Mensch?
- ☀ Wirst du schnell wütend?
- ෆ Bist du ein Sturkopf?

- ☀ Bist du neuen Ideen gegenüber offen?
- ෆ Lernst du gern Menschen kennen?
- ☀ Verteidigst du deine Prinzipien gegenüber anderen?
- ෆ Bist du eine Kämpferin?
- ☀ Wirst du oft von anderen überrumpelt?
- ෆ Bist du ein vorsichtiger Mensch?
- ☀ Bist du besonnen?
- ෆ Spielst du gern den Clown und bist albern?
- ☀ Bist du ordentlich?
- ෆ Bist du sehr eitel?

 Deine Freizeitaktivitäten können dir helfen, deine wahren Interessen zu entdecken.

WELTANSCHAUUNG?
ASTROLOGIE

Die Astrologie beschäftigt sich mit den Positionen von Himmelskörpern, um Ereignisse auf der Erde deuten und vorherzusagen bzw. Schicksal und Charakter von Menschen bestimmen zu können. Sie ist keine exakte Wissenschaft; zu ihren beliebtesten Deutungen zählen die Horoskope, die hauptsächlich auf dem Geburtsdatum basieren. Horoskope zu lesen ist ein unterhaltsamer Zeitvertreib. Jedes der zwölf Sternzeichen besitzt spezielle Charaktereigenschaften mit sowohl negativen als auch positiven Eigenschaften. Finde dein Sternzeichen anhand deines Geburtsdatums.

DIE STERNZEICHEN IN KÜRZE

STEINBOCK ☉ 22. DEZEMBER BIS 20. JANUAR

POSITIV: praktisch veranlagt, diszipliniert, geduldig, Sinn für Humor, willensstark, ehrgeizig, treu
NEGATIV: manchmal recht pessimistisch, egoistisch, starrköpfig, geizig

WASSERMANN ☉ 21. JANUAR BIS 19. FEBRUAR

POSITIV: eine sehr gute Freundin, ehrlich und kreativ, gern unabhängig
NEGATIV: manchmal egoistisch, widersprüchlich, etwas kühl, schwer zu durchschauen

FISCHE ☉ 20. FEBRUAR BIS 20. MÄRZ

POSITIV: sensibel, anpassungsfähig, hilfsbereit, intuitiv, oft gut gelaunt
NEGATIV: neigt zu übertriebenem Idealismus, leicht zu beeinflussen, nicht kritikfähig, geringes Selbstvertrauen

WIDDER ⊙ 21. MÄRZ BIS 20. APRIL

POSITIV: abenteuerlustig, willensstark, mutig, voller Selbstvertrauen, dynamisch
NEGATIV: manchmal egoistisch, ungeduldig, launisch, streitlustig

STIER ⊙ 21. APRIL BIS 20. MAI

POSITIV: ausdauernd, zuverlässig, liebevoll, gütig, sehr verlässlich, treu
NEGATIV: manchmal starrköpfig, eifersüchtig, egozentrisch, nachtragend

ZWILLING ⊙ 21. MAI BIS 21. JUNI

POSITIV: intellektuell, wortgewandt, gesellig, neugierig, voller Energie
NEGATIV: manchmal oberflächlich, nervös, nachlässig bei uninteressanten Dingen

KREBS ⊚ 22. JUNI BIS 22. JULI

POSITIV: liebevoll, sehr gefühlsbetont, kreativ, Familienmensch
NEGATIV: launisch, leicht reizbar, übersensibel, besitzergreifend, wenig offen für Neues

LÖWE ⊚ 23. JULI BIS 23. AUGUST

POSITIV: kreativ, oft enthusiastisch neuen Ideen gegenüber, großzügig, großherzig
NEGATIV: rechthaberisch, intolerant, stolz, manchmal bequem

JUNGFRAU ⊚ 24. AUGUST BIS 23. SEPTEMBER

POSITIV: analytisch, praktisch veranlagt, fleißig, scharfer Verstand, Einsatzbereitschaft
NEGATIV: neigt zu Perfektionismus und Kritik, kühl, nüchtern

WAAGE ☉ 24. SEPTEMBER BIS 23. OKTOBER

POSITIV: hilfsbereit, anmutig, Gespür für Ästhetik und die Schönheit der Welt, harmonisch
NEGATIV: leichtfertig, gefallsüchtig, entscheidungsunfreudig

SKORPION ☉ 24. OKTOBER BIS 22. NOVEMBER

POSITIV: leidenschaftlich, intuitiv, willensstark, tiefgründig
NEGATIV: nachtragend, eifersüchtig, manchmal auch trotzig und kühl

SCHÜTZE ☉ 23. NOVEMBER BIS 21. DEZEMBER

POSITIV: freiheitsliebend, unabhängig, ehrlich, leidenschaftlich, hat große künstlerische Begabung
NEGATIV: Ruhelosigkeit, manchmal verantwortungslos, unbeständig

NUMEROLOGIE

Numerologen sind der Überzeugung, dass dein Leben durch Zahlen beeinflusst wird, die von deinem Geburtsdatum oder deinem Namen abgeleitet werden. Die Numerologie gibt allen einfachen Zahlen von 1 bis 9 eine Bedeutung und den Zahlen 11 und 22 eine größere Bedeutung. Laut dieser These weist die Zahl deines Schicksals auf ein Potenzial und deine Talente hin. Um diese Zahl auszurechnen, schreibst du deinen vollständigen Namen auf, wie er in deiner Geburtsurkunde steht.

❂ Erster Vorname: ....
....

❂ Zweiter Vorname: ....
....

❂ Nachname: ....
....

Schreibe unter jeden Buchstaben deines Rufnamens den Wert (die Zahl), wie er hier angegeben ist:

AJS= 1   DMV= 4   GPY= 7

BKT= 2   ENW= 5   HQZ= 8

CLU= 3   FOX= 6   IR= 9

DIE BEDEUTUNG DER ZAHL 1

Du bist eine Führungspersönlichkeit und kannst Probleme auf kreative Art und Weise lösen. Du übernimmst gern die Initiative; Unabhängigkeit ist sehr wichtig für dich. Du bist ehrgeizig und selbstsicher. Du kannst sehr gut allein sein, brauchst aber die Gewissheit, auf jemand anderen zählen zu können. Manchmal kannst du herrisch und egoistisch sein.

Addiere nun die Zahlen und schreibe das Gesamtergebnis auf. Wenn das Gesamtergebnis zweistellig ist, rechne die eine Zahl mit der anderen zusammen, bis eine einstellige Zahl herauskommt, außer bei den Zahlen 11 und 22. Rechne nun auf die gleiche Weise deine anderen Namen aus.

LUNA
3351 = 3 + 3 + 5 + 1 = 12 = 1 + 2 = 3

FIONA
69651 = 6 + 9 + 6 + 5 + 1 = 27 = 2 + 7 = 9

BRUIN
29395 = 2 + 9 + 3 + 9 + 5 = 28 = 2 + 8 = 10 = 1 + 0 = 1

Nun addierst du die Summe wie folgt:

(LUNA) 3 + **(FIONA)** 9 + **(BRUIN)** 1
3 + 9 + 1 = 13 = 1 + 3 = 4

Die Schicksalszahl von Luna Fiona Bruin ist die Zahl 4. Rechne deine Zahl aus, wie es hier beschrieben wurde und sieh dir die Bedeutung an.

DIE BEDEUTUNG DER ZAHL 2

Du arbeitest unheimlich gern im Team und hast persönliche Anerkennung kaum nötig. Wenn andere den Beifall für deine Ideen bekommen, macht dir das nichts aus. Du sehnst dich stets nach Frieden und bist sehr korrekt in dem, was du tust. Du bist gut erzogen und sensibel. Du hilfst gern anderen Menschen und hast viele Freunde. Manchmal kannst du sehr schüchtern und zu empfindlich sein.

DIE BEDEUTUNG DER ZAHL 3

Du bist ein sehr aktiver Mensch und hast eine große Vorstellungskraft. Deine Art der Kommunikation, ob nun in Wort oder Schrift, zeichnet dich aus. Immer hast du das passende Argument, um deine Ideen auszuprobieren. Du bist optimistisch, sehr sozial und hast viele Freunde. Du kannst andere motivieren. Achte darauf, dass du nicht klatschsüchtig wirst oder zu gekünstelt wirkst – sei authentisch!

DIE BEDEUTUNG DER ZAHL 4

Du bist sehr organisiert und praktisch veranlagt. Du setzt dir Ziele und arbeitest an deren Umsetzung. Mach die Augen auf und erkenne, dass nicht alle Menschen so sind wie du! Du bist verantwortungsbewusst und bringst deine Sachen immer zu Ende. Nie würdest du deine Lieben belügen oder sie hintergehen. Bedenke, dass reiner Perfektionismus nicht der Schlüssel zum Glück ist.

DIE BEDEUTUNG DER ZAHL 5

Du bist beliebt, intelligent und sehr talentiert. Du passt dich schnell neuen Situationen an und bist flexibel. Du weißt deine Ideen sehr gut darzustellen, um zu erreichen, was du möchtest. Wegen deiner vielfältigen Interessen fällt es dir schwer, konstant zu sein. Du brauchst deine Unabhängigkeit, und wenn jemand versucht, dir etwas aufzuzwingen, kannst du sehr aggressiv reagieren.

DIE BEDEUTUNG DER ZAHL 6

Du würdest dir das Essen vom Munde absparen, nur um es anderen Menschen zu geben. Du träumst von einer Welt, die frei ist von Konflikten, dabei bist du liebevoll, großzügig und ehrlich. Du wärst eine exzellente Mutter, Ärztin oder Sozialarbeiterin. Nimm dir Zeit für dich und nicht immer nur für die anderen. Und mach nicht aus jeder Mücke einen Elefanten!

DIE BEDEUTUNG DER ZAHL 7

Du bist eine gute Beobachterin und analysierst gern jede Einzelheit, bevor du zu einem Entschluss kommen kannst. Das Leben betrachtest du aus einer logischen Warte heraus und bist in der Lage, jedes Thema zu beherrschen. Du wärst eine exzellente Lehrerin. Nimm dir die Zeit, um deine Gefühle auszudrücken. Baue Beziehungen zu deinen Freunden aus und verbringe mehr Zeit mit ihnen.

DIE BEDEUTUNG DER ZAHL 8

Du bist unheimlich gut organisiert, praktisch veranlagt und effizient. Du steckst dir selbst hohe Ziele und hast alle Fähigkeiten, diese auch zu erreichen. Du kannst gut mit Geld umgehen und bist sehr sparsam. Deine Entscheidungen triffst du aus einem guten Selbstvertrauen heraus. Bedenke, dass dein Weg nicht der einzig richtige sein muss. Hüte dich davor, starrköpfig und intolerant zu sein.

DIE BEDEUTUNG DER ZAHL 9

Du bist kreativ und hast ein unheimlich gutes Vorstellungsvermögen. Du weißt genau, was du willst, und bist schnell enttäuscht, wenn Dinge nicht auf Anhieb klappen. Freundschaft und Liebe sind wichtig für dich; wenn es einer Freundin nicht gut geht, bist du die Erste, der es auffällt. Aber wenn du dich hintergangen fühlst, kannst du sehr egoistisch sein. Vermeide Wutanfälle.

DIE BEDEUTUNG DER ZAHL 11

Du bist eine Idealistin und hörst immer auf deine innere Stimme, in der du dich nur selten täuschst. Du hast eine originelle Sicht auf die Dinge und bist erfolgreich in dem, was du dir vornimmst. Du liebst Kunst, Musik und Ökologie. Entscheidungen triffst du immer auf lange Sicht. Komm in die Wirklichkeit zurück, wenn es nötig wird, und respektiere die Meinung anderer.

DIE BEDEUTUNG DER ZAHL 22

Du hast eine umfassende Sicht auf das Leben und bist originell, wenn es darum geht, Schwierigkeiten zu überwinden. Vor neuen Dingen hast du keine Angst. Da die 22 zu den bedeutenden Zahlen gehört, wirst du in allem, was du tust, stets herausragend sein. Deine Ideen können so erstaunlich sein, dass die Leute dich manchmal für verrückt erklären.

MEINE FAMILIE

DIE MITTE DER WELT

Die Familie ist der Zirkel, in dem wir geboren werden und aus dem wir irgendwann in die Welt hinausgehen. Familie ist der Ort, wo Menschen füreinander Verantwortung übernehmen und wo die Grundwerte unserer Gesellschaft geprägt und gelebt werden. In der Familie erfahren wir bedingungslose Liebe, den Wert von Freundschaft, Großzügigkeit und Solidarität, und wir erleben in ihr gute und schlechte Zeiten. Die Struktur einer Familie variiert je nach Kultur, dabei ist aber keine besser als die andere, denn alle sind etwas Besonderes. Für dich aber zählt deine Familie. Beschütze sie, genieße und liebe sie mit deinem ganzen Herzen.

DIE VERWANDTSCHAFT

ELTERN

Niemand auf der Welt kennt dich so gut wie deine Eltern. Sie wollen stets das Beste für dich. Auch wenn dich ihre Sorge um dich manchmal auf die Palme bringt, solltest du immer bedenken, dass sie das nur tun, um dich zu unterstützen und dich vor Leid zu bewahren. So wie die Pubertät etwas völlig Neues für dich ist, so ist es auch für sie eine neue Erfahrung, einen Teenager als Tochter zu haben. Versuche sie zu verstehen.

Als biologische Eltern bezeichnete man den Mann und die Frau, die dich erschaffen, sprich gezeugt haben. Rechtlich gesehen sind Eltern die Erziehenden oder Verantwortlichen eigener oder angenommener Kinder.

ADOPTIVELTERN

Eine Adoption ist die Annahme eines Kindes unabhängig von der biologischen Abstammung. Adoptiveltern können häufig keine eigenen Kinder bekommen und entschließen sich deshalb, einem Kind, das nicht von ihnen abstammt, ein Zuhause zu schenken und ihm eine Zukunft zu ermöglichen. Wenn du adoptiert wurdest, kannst du dir sicher sein: auch wenn du nicht im Bauch deiner Mutter gewachsen bist, so bist du es doch in ihrem Herzen! Und dies seit dem Moment, in dem deine Eltern wussten, dass du zu ihnen kommen würdest.

ALLEINERZIEHENDE ELTERN

Viele Kinder leben mit ihrer Mutter oder ihrem Vater zusammen. Die Gründe dafür können vielfältig sein: eine Scheidung, ein Todesfall oder einer der beiden Elternteile hat eben nicht den richtigen Lebenspartner gefunden. Wenn du bei einem deiner Elternteile lebst, der ganztags arbeitet, verbringst du vielleicht viel Zeit allein. Suche nach positiven Möglichkeiten, deine Freizeit zu gestalten. Außerschulische Aktivitäten, die dich in deinem Lebensweg weiterbringen und dir Spaß machen, solltest du ausbauen und besonders viel Zeit mit deinen anderen Verwandten und Freunden verbringen.

ZWEI MAMAS, ZWEI PAPAS – GUTE ELTERN?

Gleichgeschlechtliche Eltern sind moderne Familien, bestehend aus zwei Männern oder zwei Frauen, die dir als Elternpaar die Liebe geben können, die du zum Großwerden brauchst. Wenn du in einer solchen Familie lebst, solltest du verstehen, dass es für euch manchmal schwierig sein wird, von eurer Umwelt akzeptiert zu werden. Über gleichgeschlechtliche Lebensgemeinschaften mit Kindern gehen die Meinungen in der Öffentlichkeit sehr auseinander und keine andere Lebensform löst solche heftigen Emotionen und Diskussionen aus, begründet in Vorurteilen und Ängsten. Aber der Umstand, mit solchen Problemen fertig zu werden, wird dir viel Kraft für dein weiteres Leben geben.

ES WAR EINMAL ... DIE PATCHWORKFAMILIE

Wenn ein Elternteil eine Beziehung mit einem neuen Partner eingeht, nannte man diesen früher Stiefmutter oder Stiefvater. Und die sind – wie uns die Märchen weismachen wollen – böse und gemein. Heute nennt man eine neu zusammengewürfelte Lebensgemeinschaft Patchworkfamilie. Das klingt viel lustiger, nämlich nach buntem Flickenteppich. Es ist ganz normal, dass dein Vater oder deine Mutter oder auch beide, wenn sie sich getrennt haben, nach einiger Zeit einen neuen Partner haben. In so einem Fall solltest du Verständnis haben. Logisch, dass diese neue Familie einen neuen Platz und neue Regeln mit sich bringt – vielleicht andere, als die, die du von früher kennst. Gib den neuen Lebensumständen eine Chance und versuche, dich auch ein bisschen anzupassen.

NERVIGER BRUDER, ZICKIGE SCHWESTER?

Geschwister sind etwas ganz Besonderes und die Beziehung zwischen ihnen hält oft ein Leben lang. Sie lernen voneinander und passen aufeinander auf. Das Zusammenleben ist natürlich nicht immer leicht. Wie sonst auch in anderen Bereichen des Lebens führen hier verschiedene Meinungen oft zu heftigen Konflikten. Diese unterscheiden sich nicht von den Streitereien mit deinen Freunden, nur dass du dich nach einem Streit mit einem Freund zurückziehen kannst, um in Ruhe darüber nachzudenken. Mit deinen Geschwistern solltest du Unstimmigkeiten möglichst sofort klären, denn mit ihnen lebst du zusammen. Und du wirst sehen: In schwierigen Situationen halten Geschwister meist wie Pech und Schwefel zusammen!

ICH SEHE DOPPELT – ODER AUCH NICHT ...

Eineiige Zwillinge sehen sich manchmal so ähnlich, dass man sie kaum auseinanderhalten kann. Diese Ähnlichkeit ist natürlich nur äußerlich vorhanden, denn jeder Zwilling hat seinen eigenen Charakter, seine eigenen Stärken und Schwächen.

Sie entstehen aus einer einzigen befruchteten Eizelle, haben das gleiche Erbgut und die gleichen Erbanlagen.

Meine kleinen Cousins allerdings sind zweieiige Zwillinge und sie sehen einander gar nicht ähnlich – sie sehen nicht mal aus wie Brüder!

Die wissenschaftliche Erklärung dafür ist, dass zwei Eizellen zur gleichen Zeit befruchtet werden und sich im Mutterleib unabhängig voneinander entwickeln. Weil sie nicht identisch sind, können sie auch verschiedene Geschlechter haben.

Zwilling zu sein, ist toll! Du hast immer jemanden zum Spielen, zum Quatschen und kannst auch noch andere Leute verwirren. Ich als eineiiger Zwilling kann mich jederzeit als Fiona ausgeben, auch wenn ich mir dafür diese fürchterlichen Zöpfe machen muss.

Die größte Schwierigkeit ist, genügend Zeit und Raum für dich selbst zu finden. Es macht mich wahnsinnig, wenn Maia sich wieder einmal für mich ausgibt und alle darauf reinfallen. Mann nennt uns »die Zwillinge«, so als ob es nur eine Person gäbe und als ob wir uns in allem gleichen würden. Das nervt.

Das Paradies: Die Großeltern

Großeltern sind fabelhaft, denn sie leben, um ihre Enkel zu verwöhnen. Die Zeit mit ihnen solltest du in vollen Zügen genießen. Ihrer Lebensgeschichte, ihrer Lebenserfahrung sowie ihren Ratschlägen solltest du stets Beachtung schenken. Manchmal kommt es vor, dass einer der Großeltern zu euch zieht und mit dir unter einem Dach lebt. Das kann dir seltsam vorkommen, es ist aber auch eine gute Gelegenheit, um dich in Großherzigkeit und Geduld zu üben. Eine andere Möglichkeit ist, dass du zu einem oder beiden Großeltern ziehst. Versuche, dich ihrem Lebensstil anzupassen und sei dir im Herzen immer gewiss, dass sie alles für dein Wohlergehen tun.

DIE HARTE WIRKLICHKEIT

ABSCHIEDE

Der Tod ist ein unumgänglicher Teil des Lebens. Auch wenn das schwer zu verstehen ist, muss man das akzeptieren. Wenn du oft Angst verspürst, dass deiner Familie etwas zustoßen oder ein anderer Schicksalsschlag deine Zukunft beeinflussen könnte, sprich mit deinen Eltern darüber. Das wird dich beruhigen und vielleicht können deine Eltern dir dabei helfen, deine Ängste abzubauen. Wenn die Mutter oder der Vater von einem deiner Familienangehörigen oder Freunde stirbt, sei für ihn da. Tröste und begleite sie oder ihn in seinem Kummer.

GETRENNT?

Eine Trennung oder Scheidung kann eine schmerzliche Erfahrung sein, die schwierige Veränderungen mit sich bringt, an die man sich nur schwer gewöhnen kann. Aber sie kann auch eine Art Waffenstillstand darstellen, wenn die familiäre Situation davor sehr angespannt und belastend für alle Beteiligten war.
In jedem Fall ist es wichtig, dass du Folgendes weißt:

- Die Trennung ist nicht deine Schuld! Aus diesem Grund solltest du nicht versuchen, etwas zu kitten, was du im Ganzen gar nicht verstehen kannst.

- Auch wenn du einen Elternteil in Zukunft vielleicht weniger sehen wirst, so werden dich beide auch zukünftig in gleichem Maße lieb haben.

- Negatives Verhalten kann die allgemeine Situation nur noch verschlimmern.

- Jede Trennung hat unterschiedliche Gründe und bringt ihre eigenen Regeln mit sich. Sei dir gewiss, dass deine Eltern ihre Entscheidung sorgfältig bedacht haben, um für alle das beste Ergebnis zu erzielen.

EINE FAMILIE FÄNGT NEU AN

Manchmal übernehmen enge Familienmitglieder die Rolle des Vaters oder der Mutter, in einigen Fällen sogar für immer. Das verdient großen Respekt. In manchen Kulturen ist es der Patenonkel oder die Patentante, der oder die diese Aufgabe übernimmt und sich damit einen besonderen Platz in deinem Leben und Herzen erobern kann.

NEUES HAUS, NEUES LEBEN

Es gibt Umzüge, die erheblich mehr Veränderungen mit sich bringen als andere. Ein Umzug in eine neue Wohnung ist weniger eingreifend als ein Umzug in eine neue Stadt oder sogar ein anderes Land. Versuche, dem Ganzen positiv und optimistisch entgegenzusehen, sei neugierig auf das, was da kommt.

KONFLIKTE

In jeder Familie kommt es mal zu Konflikten. Das ist ganz normal. Es gibt allerdings schwerwiegende Umstände, bei denen du Hilfe brauchst und dich an deine Mitmenschen wenden musst.

Du solltest handeln, wenn du folgende Missstände in deiner Familie feststellst:
- Drogenabhängigkeit
- Körperlicher oder sexueller Missbrauch
- Psychische oder emotionale Störungen

Trifft einer dieser Umstände auf deine Familie zu, solltest du dir unbedingt professionelle Hilfe suchen!

Ein Missbrauch bei einem deiner Familienangehörigen kann dich absolut lähmen. Einerseits willst du helfen und den Missbrauch verhindern, andererseits hast du Angst, den Betreffenden durch deine Hilfe in größere Schwierigkeiten zu bringen. Lass dir nicht den Mund verbieten. Sprich es aus.

Versuche, dich emotional abzuschirmen, indem du dich mit Dingen beschäftigst, die dir gut tun.

FRIEDLICHES ZUSAMMENLEBEN

- Verhalte dich deinem Alter entsprechend und zeige Reife. Dann wirst auch du dementsprechend behandelt.
- Deine Familienangehörigen verdienen ebenso Respekt wie jeder andere Mensch auch.
- Besetze nicht dauernd das Bad, das Telefon, den Fernseher oder andere Dinge. Jeder ist mal dran.
- Es ist nicht deine Aufgabe, mit deinen Geschwistern zu schimpfen. Das ist die Sache deiner Eltern.
- Höre doch erst mal zu, was deine Eltern sagen. Danach kannst du deinen Standpunkt in einem ruhigen Ton darstellen.
- Ein offener Austausch mit deinen Eltern schafft gegenseitiges Vertrauen und ein Gefühl der Sicherheit für alle.
- Bevor du etwas von jemand anderem nimmst, frage erst um Erlaubnis.
- Sei nicht neidisch auf deine Geschwister. Im Herzen deiner Eltern seid ihr alle gleichwertig.
- Respektiere die Privatsphäre deiner Geschwister und lasse ihnen den Raum für ihre Träume.
- Ach ja, und niemals rumbrüllen – das bringt dich nicht weiter.

DIE SCHULE

Auch wenn sie manchmal nerven mag, in der Schule verbringst du praktisch genauso viel Zeit wie zu Hause. Sie ist ein unheimlich wichtiger Teil deiner Erziehung; du erhältst dort nicht nur wichtige Informationen in allen relevanten Fächern, die du dein Leben lang gebrauchen kannst, sondern knüpfst Freundschaften, entdeckst deine Talente und lernst Sportarten, die dich vielleicht für immer begleiten werden. Je besser du deine Schule kennenlernst und dich mit ihren Örtlichkeiten und Angeboten vertraut machst, desto mehr wirst du sie schätzen und lieben lernen und dich besser in ihr zurechtfinden.

MUMMELGREISE?

Auch wenn dir manche deiner Lehrer veraltet vorkommen, sind sie immer noch Erwachsene, die deinen Respekt verdienen – nutze ihr Wissen!

TIPPS FÜR EIN GUTES VERHÄLTNIS:

- Komme immer pünktlich zu den Unterrichtsstunden.

- Zeige Interesse am Fach und unterbrich den Lehrer nicht.

- Erfinde keine Ausreden, sondern mach lieber deine Hausaufgaben.

- Respektiere die Unterrichtsstunden, quatsche und kichere nicht permanent mit deinen Mitschülern und schreibe nicht ständig kleine Zettelchen.

- Wenn du dich mit einem deiner Lehrer nicht so gut verstehst, versuche trotzdem, seine positive Seite zu entdecken.

- Gibt es einen größeren Konflikt, sprich mit deinem Vertrauenslehrer, der Schulleitung und/oder deinen Eltern darüber und versuche, gemeinsam mit allen eine Lösung zu finden.

PUH, HAUSAUFGABEN ...

Auch wenn sie dir manchmal unheimlich langweilig vorkommen, Hausaufgaben sind ein unvermeidbarer Teil der Schulausbildung. Da du nicht auf sie verzichten kannst, haben wir dir hier ein paar Ideen und Tipps zusammengestellt, wie du nicht mehr Zeit als nötig für die Hausaufgaben aufbringen musst.

- Wenn du sehr lange am Computer sitzen musst, steh zwischendurch auf und streck dich ein wenig, dann geht es dir nicht so schnell auf die Nerven.

- Versuche, dich nicht ablenken zu lassen. Bereite alles vor, was du für die Aufgaben benötigst, bevor du anfängst.

- Finde einen angemessenen Platz für die Hausaufgaben – genügend Licht, viel Platz und eine bequeme Sitzmöglichkeit.

- Lerne an einem ruhigen Ort, weit weg von Versuchungen oder Ablenkungsmöglichkeiten.

- Versuche, die schwierigen Aufgaben zuerst zu lösen, dann ist der Kopf noch frisch und die leichteren werden dir wie eine Belohnung vorkommen.

- Nach jeder Hausaufgabe für ein Schulfach gönnst du dir ein paar Minuten Pause.

ARZTBESUCH ODER SCHULPRÜFUNG?

 Bist du nervös, angespannt oder gestresst?
Hast du Kopfschmerzen oder Magenschmerzen und würdest dich am liebsten übergeben? Vielleicht bist du gar nicht krank und es ist eine bevorstehende Prüfung, die das in dir auslöst.

 Wenn du gelernt hast:
Beruhige dich, deine Nerven können die abgespeicherte Information blockieren. Steh morgens ein wenig früher auf, damit du dich später nicht hetzen musst, gönn dir eine längere Dusche und versuche dich abzulenken. Sprich über andere Dinge, die dich beruhigen. Geh nicht mit einem ganz leeren Magen zur Prüfung, auch wenn du meinst, vor Aufregung nichts essen zu können.

Wenn du *nicht* gelernt hast:
Fang an zu beten und versuche dich beim nächsten Mal richtig vorzubereiten …

RÖNTGENAUGEN?

Oftmals mogelt man und kopiert dabei doch nur die Fehler des Tischnachbarn. Wenn du schummelst, bist du unehrlich und außerdem fliegt so was leicht auf.

MOGELN HEISST:

- Bei einer Prüfung vom Tischnachbarn abzuschreiben.

- Von einem vorgeschriebenen Zettel abzuschreiben.

- Die Arbeit eines anderen als deine auszugeben.

- Die Ideen eines anderen zu klauen.

- Halbwahrheiten zu verbreiten, um Dinge vorzugeben, die nicht der Wahrheit entsprechen.

ARBEIT FÜR THERAPEUTEN

Viele Mädchen haben echte Lernschwierigkeiten, Prüfungsangst oder leiden am so genannten »ADS-Syndrom« (das Aufmerksamkeitsdefizitsyndrom beinhaltet mangelnde Konzentrationsfähigkeit, impulsives Verhalten und starke innerliche Unruhe). Damit ist nicht zu spaßen! Vielleicht hat bei dir bisher niemand bemerkt, dass du diese Schwierigkeiten hast, weil du sie aus Angst verheimlichst. Du solltest dich dafür nicht schämen. Die Herausforderung besteht darin, dieses Problem zu meistern – auch mithilfe von Lernmethoden oder Therapien.
Warte nicht länger und bitte um Hilfe.

Zu den häufigsten Lernproblemen zählen Dyslexie (Probleme mit dem Lesen und Verstehen von Wörtern oder Texten) und Legasthenie (Lese-Rechtschreib-Schwäche). Diese Lernschwierigkeiten haben nichts mit mangelnder Begabung zu tun! Sie sind auf genetische Störungen und Probleme mit der Verarbeitung von Sprache zurückzuführen.

ALBTRAUM OHNE ENDE?

Wenn du jeden Morgen aufstehst und keine Lust auf die Schule hast, kann das sehr stressig sein.

 Versuche herauszufinden, wo genau die Gründe dafür liegen:

Sind es die Hausaufgaben?

Hast du in der Schule keine Freunde?

Gibt es da jemanden, der dich ärgert?

Liegt es an einem der Lehrer?

Ist der Unterrichtsstoff zu anspruchsvoll?

Oder ist der Stoff zu einfach, sodass du dich langweilst?

 Wenn du herausgefunden hast, wo die Probleme liegen, sprich mit deinen Eltern oder mit dem Vertrauenslehrer darüber, damit ihr diese gemeinsam aus der Welt schafft.

KLEINE BÖSEWICHTE

Jemand, der dir oder jemand anderem wiederholt und mit Absicht körperlich, emotional oder verbal Schaden zufügt, darf nicht so weitermachen! Bösewichte gibt es leider in jedem Alter und vielleicht auch in deiner Klasse.

WAS KANN ICH TUN?

- Vermeide körperliche Auseinandersetzungen mit solchen Menschen.
- Erzähle es einer Vertrauensperson.
- Such dir Hilfe!

Wenn du beobachtest, dass jemand Opfer eines solchen Tyrannen ist, sprich mit einem Erwachsenen darüber.

BIN ICH DER BÖSEWICHT IN MEINER KLASSE?

- Gewinnst du immer bei allen Spielen? ....
- Bist du manchmal so wütend, dass du dich gar nicht mehr beruhigen kannst? ....
- Suchst du immer einen Schuldigen für deine Fehler? ....
- Bist du oft neidisch auf die Erfolge anderer? ....
- Fühlst du Genugtuung, wenn du die Dinge anderer kaputt machst oder ihnen ihre Sachen wegnimmst? ....
- Hast du Spaß daran, dich über Jüngere lustig zu machen? ....
- Tust du manchmal Tieren weh? ....
- Genießt du es, wenn andere Fehler machen? ....
- Wenn dir jemand wehtut, hast du dann das Bedürfnis, dich zu rächen? ....
- Machst du dir Sorgen, was andere von dir halten könnten, wenn du mal in etwas nicht der Gewinner bist? ....

Wenn du drei und mehr Fragen mit »Ja« beantwortet hast, solltest du dir über dich und dein Verhalten Gedanken machen. Du verletzt nämlich die Gefühle deiner Mitschüler.

Wenn du weniger als drei Fragen mit »Ja« beantwortet hast, bist du kein schlechter Mensch, solltest aber trotzdem mehr Rücksicht auf deine Mitschüler nehmen, damit du nicht noch mehr schlechte Angewohnheiten entwickelst und zu einem Problemfall wirst. Menschen werden nicht von einem Tag auf den anderen einfach gewalttätig.

SCHÜLER BEWAFFNEN SICH – SAG MAL, GEHT'S NOCH?!

Waffen jeder Art sind sehr gefährlich. Es gibt keinen Grund dafür, dass ein Schüler etwas auch nur annähernd Ähnliches bei sich haben sollte. Wenn du mitbekommst, dass ein Mitschüler eine Waffe trägt, lauf augenblicklich ohne jeglichen Kommentar weg und suche Hilfe bei einem Erwachsenen. Vielleicht will der Schüler die Waffe – sei es ein Butterfly-Messer, ein Schlagring oder sogar eine Schusswaffe – gar nicht einsetzen und hat sie nur aus Gründen des Selbstschutzes bei sich oder um anzugeben. Aber das geht gar nicht!

UND DAS KANNST DU TUN:

Die meisten Gewalttäter an Schulen verhalten sich so, weil sie mit ihrem eigenen Leben nicht klarkommen und selbst unsicher sind. Sie haben keinen Respekt, kein Mitgefühl und keine Toleranz vor anderen und für andere, weil sie selbst nie respektiert wurden, weil sich niemand für ihre Gefühle interessiert. Und klar, es ist ja immer leichter, seine Wut an anderen auszulassen, als sich seinen eigenen Problemen zu stellen. Lass das nicht zu!

UND NACH DEM KLINGELN?

Zu den außerschulischen Aktivitäten zählen Kurse, Sportarten oder Hobbys, die nicht zu den Pflichtfächern einer Schulausbildung gehören. Es gibt ein riesiges Angebot, was man nebenbei noch so alles machen kann. Diese Aktivitäten können dir helfen:

- Neue Freunde finden.
- Neue Talente entdecken.
- Körper und Geist trainieren.
- Neue Dinge lernen.
- Sich ablenken und Spaß haben.

Such dir nicht zu viele Sachen neben der Schule aus; Zeit mit deinen Freunden zu verbringen ist ebenso wichtig wie mit deiner Familie zusammen zu sein, Hausaufgaben zu machen und dich auszuruhen.

GESAGT, GETAN!

Mit deinen Freunden zusammen einen Club zu gründen, und zwar zu einem Thema, das dich interessiert, ist eine tolle Idee! Hier kannst du auch schon mal testen, was dir vielleicht später im Berufsleben liegen könnte. Abgesehen davon macht ein Club natürlich jede Menge Spaß!

- Sprich mit deinen Freunden über die Idee mit dem Club und höre, was sie dazu zu sagen haben.

- Für den Anfang suchst du dir Leute zusammen, die auch ein Interesse an dem Thema haben.

- Organisiere ein erstes Treffen und schreibe auf, wer die Teilnehmer sind, wie die Regeln sein sollen und welche Verantwortung jedes Mitglied zu tragen hat.

- Organisiere ein zweites Treffen, um die Ideen von allen zusammenzutragen. Besprecht, wie ihr eure Ziele am besten erreichen könnt.

Formuliere in jedem Fall erreichbare Ziele, damit der Club nicht nur eine Idee bleibt.

Wenn der Club zum Erreichen der Ziele die Hilfe eines Erwachsenen braucht, suche dir einen Menschen aus, der mit Begeisterung dabei ist.

BESTE FREUNDE

Manchmal findet man in seinem Leben einen besonderen Menschen:
Jemanden, der das Leben komplett auf den Kopf stellt.
Jemanden, der dich zum Lachen bringt.
Jemanden, der stets das Gute in dir und in der Welt sieht.
Jemanden, der dich auch wieder auf den Boden der Tatsachen bringt.©

Es gibt Millionen Dinge, die man prima allein machen kann. Außerdem ist es wichtig, auch mal allein sein zu können, ohne sich deswegen gleich einsam zu fühlen. *Aber:* Es gibt unheimlich viele Aktivitäten, die erst dann richtig Spaß machen, wenn man sie mit jemandem teilt oder die man nur mit mehren Menschen umsetzen kann. Eine gute Freundschaft zeichnet sich dadurch aus, dass man mit dem Freund oder der Freundin einfach gern zusammen ist. Wie jede Beziehung müssen sich auch Freundschaften entwickeln; man muss sie pflegen und achtsam mit ihnen umgehen.

© by kurzgeschichten-gedichte.de

🍀 Wer sind deine besten Freunde?
....

🍀 Was magst du am meisten an ihnen?
....

🍀 Was stört dich an ihnen?
....

🍀 Welche Gründe gibt es für Streitereien zwischen euch?
....

🍀 Wie habt ihr diese Streitereien gelöst?
....

🍀 Hast du gegenüber einer Freundin oder einem Freund schon mal sehr persönliche Dinge offen legen müssen?
....

🍀 Was waren die Gründe dafür?
....

Sei nicht beleidigt, wenn eine Freundin auch mal ihren Freiraum in Anspruch nimmt. Auch wenn du es in dem Moment vielleicht nicht verstehst, das ist normal, gesund und gut für eure Freundschaft.

FREUNDSCHAFT IST ... EINE WUNDERSCHÖNE BEZIEHUNG

- ♥ Du fühlst dich bei diesem Menschen wohl und sicher.
- ♥ Du hast das Gefühl, ihm/ihr kannst du ein Geheimnis anvertrauen.
- ♥ Ihr teilt die guten und die schlechten Momente im Leben.
- ♥ Du hast das Gefühl, auch etwas zurückzubekommen.
- ♥ Du kannst immer ehrlich und du selbst sein.
- ♥ Du kannst in der Freundschaft auch Fehler eingestehen und dich entschuldigen.

VERBOTEN!

- ⊘ Die Gutmütigkeit des anderen ausnutzen.
- ⊘ Dem anderen seinen Raum nehmen.
- ⊘ Lügen.
- ⊘ Eine Beziehung zerstören.
- ⊘ Das Vertrauen des anderen missbrauchen.
- ⊘ Streitigkeiten verdrängen.
- ⊘ Der Freundin den Freund ausspannen.
- ⊘ Immer alles bestimmen wollen.

TAUSEND FREUNDE

Es gibt vielfältige Wege Freunde kennenzulernen. Doch es ist nicht immer einfach. Was, wenn man aus der eigenen Umgebung, der eigenen Klasse niemanden besser kennt oder kennenlernen möchte!? Wenn dem so ist, liegt es manchmal an der Einstellung zu sich selbst oder zu anderen. Oder zu der Welt. Freundschaften ergeben sich oft, auch an Orten, an denen man sie niemals erwartet hätte – sei offen dafür! Es macht unheimlich Spaß festzustellen, dass da jemand die gleiche Wellenlänge hat wie du. Übrigens: Auch Jungs können sehr gute Freunde sein.

VORURTEILE

Vorurteile begleiten unseren Alltag, sie sind negative Bewertungen von Dingen oder Menschen, die man nicht kennt oder von denen man nicht genügend weiß, um überhaupt eine Wertung vornehmen zu können. Vorurteile können Menschen verletzen. Auch wenn man uns von klein auf gewisse Bewertungen als richtig vermittelt, manchmal sind sie es eben doch nicht. Um deine Vorurteile aus dem Weg räumen zu können, musst du sie erst erkennen. Bilde dir deine eigene Meinung.

Ältere oder jüngere Freunde zu haben, hat seine Vor- und Nachteile. Du kannst viele neue Sachen lernen und erfahren, aber manchmal gibt es dann eben auch Dinge, die vielleicht nicht mehr oder noch nicht deinem Alter entsprechen.

BELIEBT ODER AUSSENSEITER?

Gruppen von unzertrennlichen Freunden gibt es überall. Wenn du zu so einer festen Gruppe gehörst, achte darauf, dass du niemandem wehtust, indem du ihn ausschließt. Sei offen anderen Mitschülern gegenüber und urteile und lästere nicht über Menschen, die außerhalb eures »undurchdringbaren Freundeskreises« stehen. Manchmal drängt dich der Gruppenzwang zu Dingen, die du eigentlich nicht tun möchtest, also lass dich nicht zu sehr beeinflussen.

Oder fühlst du dich in der Schule ausgeschlossen, gehörst nicht zu den Coolen, den Schönen, den Lauten? Du trägst die falschen Klamotten, hörst die falsche Musik? Mach dir nichts draus, bleib du selbst. Finde in deiner Freizeit die dir entsprechenden Freunde und in der Schule machst du dein Ding. Du weißt, da gibt es andere, denen es genauso geht. Es ist überhaupt nicht wichtig, derartig im Mittelpunkt zu stehen. Außerdem kann dir niemand vorschreiben, was angesagt oder weniger cool ist.

SCHADENFREUDE

Jeder kennt das:
Jemand macht sich vor anderen über dich lustig, vielleicht über eine dir peinliche Sache, oder du selbst verspottest einen anderen Menschen. »Ätsch!«, Schadenfreude macht Spaß, gibt ein gutes Gefühl, weil der Spott jemand anderem gilt. Aber hast du schon mal darüber nachgedacht, dass es dem Verspotteten wehtun könnte? Außerdem kann Schadenfreude schnell zum Teufelskreis werden, denn wenn sich jemand über dich lustig macht, hast du vielleicht wiederum das Bedürfnis, jemand anderen zu verhöhnen. Bedenke, dass die Menschen, die dich verlachen, auf eine Reaktion von dir aus sind, um ihr Bedürfnis nach Genugtuung zu befriedigen. Das Beste ist, absolut souverän damit umzugehen und entweder das Ganze zu ignorieren oder aber – wenn du mutig bist – diejenigen anzusprechen, warum sie dich gerade auslachen und ob sie damit von ihren eigenen Fehlern und Defiziten ablenken wollen. Wenn du über den Dingen stehst, du die Leute gut kennst oder ein Funken Wahrheit daran ist – lach einfach mit. Die Fähigkeit, manchmal über sich selbst lachen zu können und sich nicht immer so ernst zu nehmen, kann auch sympathisch sein und zeugt von Selbstbewusstsein.

JUNGS VOM MARS?

Jungs kommen etwas später in die Pubertät als Mädchen, normalerweise zwischen dem 13. und 15. Lebensjahr, wobei die stärksten Veränderungen meist mit 16 auftreten. Doch genauso wie bei Mädchen kann das alles auch früher oder später passieren. Und all diese Veränderungen können Jungs ganz schön verwirren und verunsichern. Oftmals hängen sie in ihrer körperlichen Entwicklung den Mädchen hinterher, was dazu führt, dass sie sich auch nicht für Mädchen interessieren! Zu Beginn ihrer Pubertät sind Jungen häufig noch sehr verspielt, toben gerne lautstark herum und bleiben lieber unter ihresgleichen. Nimm es ihnen nicht übel; erst ein wenig später entwickeln sie langsam ein Bewusstsein als Mann, suchen nach Vorbildern und kümmern sich um ihre Attraktivität.

DU ALTE PETZE!

Es gibt ernste Momente im Leben, da brauchen dich deine Freunde. Viele davon haben wir in diesem Buch kurz behandelt. Wenn Freunde Probleme haben, werden manche dich um Hilfe bitten. Bei anderen wirst du von dir aus helfen, allein aus dem Gefühl heraus, dass sie dich brauchen. Wenn es sich um so ernste und schwierige Probleme wie Sucht, Missbrauch oder Krankheit handelt, bedarf es der Hilfe eines Erwachsenen. Und dann solltest du nicht zögern, auch einen Erwachsenen zu informieren. Auch wenn der Freund oder die Freundin dann wütend auf dich ist – in solchen Fällen geht es nämlich um das Überleben. Du tust das Richtige, lass dir deshalb nicht einreden, eine Petze zu sein!

HORMONAUTINNEN AN BORD!

ACHTERBAHN DER GEFÜHLE

Neben den körperlichen Veränderungen während der Pubertät wirst du auch emotionale Veränderungen beobachten können, die sowohl mit den Hormonen als auch mit der Entwicklung deiner Persönlichkeit zu tun haben. Es wird Momente geben, in denen du ein wandelnder Widerspruch auf zwei Beinen sein wirst, kaum in der Lage, dich selbst zu ertragen. Zu Himmel hoch jauchzend, zu Tode betrübt: In dir wird eine wahrer Wirbelsturm der Emotionen toben, den du aber mit der Zeit verstehen und mit dem du umzugehen lernen wirst.

EMOTIONEN

SCHMETTERLINGE IM BAUCH

Jedes dieser Symptome weist darauf hin, dass du verliebt bist:

✿ Alles gerät irgendwie außer Kontrolle. Trotzdem fühlst du dich stark und glücklich wie nie zuvor.

✿ Du errötest grundlos und bist plötzlich gehemmt und schüchtern.

✿ Du hast völlig unerwartet Herzklopfen.

✿ Du schreibst diesen »gewissen« Namen mehrmals auf alle möglichen Zettel und Hefte, einfach so und eigentlich ohne Grund …

✿ Du verlierst mitten im Gespräch plötzlich den Faden und gerätst aus der Fassung.

✿ Du träumst den ganzen Tag vor dich hin.

Du bist total verknallt! Ein tolles Gefühl (mit kleinen Nebenwirkungen)! Verlieben kannst du dich in jedem Moment, an jedem Ort und in jemanden, bei dem du das nie erwartet hättest. Liebe ist nicht berechenbar.

So wie du dir bestimmt nicht wünschst, dass dein Schwarm gemein zu dir ist, wenn er erfährt, dass du in ihn verliebt bist (und er vielleicht nichts von dir will oder zu schüchtern ist oder oder oder), so solltest du dich auch nicht unfair jemandem gegenüber verhalten, der in dich verknallt ist und für den du aber keine Gefühle hast.

GEFÄLLT ER DIR?

Mach dich bemerkbar! Ein paar ausgefallene Ideen:

- Schlage eine Schatzsuche vor – und der Schatz, den es zu finden gilt, bist du …

- Binde dir 15 aufgeblasene Luftballons um und spaziere damit vor seiner Nase herum.

- Backe einen Kuchen mit einer versteckten Nachricht für ihn darin.

- Rufe ihn über die Sprechanlage der Schule aus und schicke ihn an einen Ort, an dem du ihn dann erwartest.

- Schreibe mit Textilfarbe die folgenden Worte auf ein T-Shirt von dir: ›Ich bin deine nächste Freundin.‹

»DU WIRST JA ROT!«

Wenn man dich etwas fragt, worauf du die Antwort nicht weißt, ist es ganz normal, dass du rot wirst. Genauso kann das passieren, wenn jemand in deiner Anwesenheit den Namen deines Schwarms erwähnt. Dies ist ein natürlicher Prozess, bei dem der Körper eine Substanz ausschüttet, die man Adrenalin nennt und die dafür sorgt, dass dein Herz schneller schlägt, mehr Blut durch deinen Körper fließt und die Blutgefäße geweitet werden. Gegen das Erröten kann man nichts machen, solche Situationen solltest du mit Humor meistern. Andere können dein Rotwerden ruhig sehen, je mehr du es verstecken willst, desto mehr Anspannung erzeugst du und desto länger bleibt die Röte auch bestehen.

ERSTE LIEBE & DATES

Liebe nimmt keine Rücksicht auf Uhrzeit und Datum oder Kalender und Termine. Sie passiert einfach. Verabredungen sind zum Glücklichsein da! Man teilt Träume und Erfahrungen und will am liebsten nur noch und ausschließlich mit der geliebten Person zusammen sein. Genieße das permanente Kribbeln in deinem Bauch! Darüber hinaus solltest du aber deine Freunde nicht vergessen oder deine Familie; versuche, deine Zeit gerecht unter allen aufzuteilen.

Wir alle möchten mit Liebe verwöhnt werden. Umarmungen, Küsse und liebevolle Worte sind Möglichkeiten, deine eigene Liebe zu zeigen und außerdem erste Andeutungen deiner Sexualität. Wahrscheinlich wirst du verrückt danach sein, solche Zärtlichkeiten von der Person zu bekommen, in die du verliebt bist.

DAS ERWACHEN DEINER SEXUALITÄT

In dem gleichen Maße, wie du zu einer Frau heranwächst, entwickelst du auch einen Bezug zu deiner Sexualität. Das ist ein ganz natürlicher Prozess, der in der Kindheit mit der ersten Masturbation oder Selbstbefriedigung beginnt. Sexualität kann stattfinden zwischen zwei Menschen unterschiedlichen Geschlechts (Heterosexualität) genauso wie zwischen zwei Menschen gleichen Geschlechts (Homosexualität).

Es gibt zwei verschiedene Arten von Homosexuellen, Schwule und Lesben. Keine dieser Bezeichnungen sollte jemals in verletzender Art und Weise verwendet werden.

Seinen eigenen Körper zu berühren, um sexuelles Vergnügen zu empfinden (Masturbation), gehört zur menschlichen Natur und ist ganz normal. Einige tun es und einige nicht.

DER ERSTE KUSS

Einige Mädchen träumen lange von ihrem ersten Kuss. Andere wiederum messen dem keine große Bedeutung bei. Dein Moment für den ersten Kuss wird kommen, hoffentlich wird er ebenso besonders wie spontan sein. Niemand kann dich dazu zwingen, vergiss das nicht.

✿ Mit wem? ....

✿ Wann? ....

✿ Wo? ....

✿ Note (von 1 bis 10)? ....

❇ Gefällt dir jemand?
....

❇ Seid ihr schon zusammen?
....

❇ Wie lange schon?
....

❇ Wie ist sein Name?
....

❇ Wie nennst du ihn?
....

❇ Warum gefällt er dir?
....

❇ Was empfindest du, wenn du ihn siehst?
....

❇ Feiert ihr eure Monats-Tage?
....

❇ Was war bisher das schönste Erlebnis mit ihm?
....

❇ Wer weiß alles davon?
....

SEX

Sexuell aktiv zu werden ist eine ernst zu nehmende Entscheidung, die sowohl körperliche als auch emotionale Risiken birgt. Von der ersten Regelblutung und dem ersten Eisprung an kannst du schwanger werden, wenn du Sex mit einem Jungen hast. Eine sexuelle Beziehung erfordert daher ein hohes Maß an Reife und Verantwortungsbewusstsein. Geschlechtsverkehr ohne angemessenen Schutz zu haben, kann zu Schwangerschaften und zu ernsten Krankheiten wie Aids führen.

Von dem Moment an, in dem du sexuell aktiv wirst, solltest du unbedingt zu einem Frauenarzt zur regelmäßigen Kontrolle gehen.

Bei diesem Thema sind deine Freunde nicht unbedingt die zuverlässigste Informationsquelle. Sie haben dieselben Zweifel und Fragen wie du. Aber es hilft natürlich, seine Ängste und Fragen untereinander auszutauschen. Es ist doch sehr tröstlich zu wissen, dass sich andere auch unsicher sind.

Bedenke, dass der Junge lediglich seine Bereitschaft signalisieren sollte, die Entscheidung liegt einzig bei dir! Lass dich nicht unter Druck setzen und tu nichts, was du nicht wirklich willst.

Fühlst du dich in deinem Alter wirklich schon reif genug für diese große Verantwortung?

WENN DIE LIEBE VERGEHT

Das Ende einer Liebe ist immer schmerzhaft. Hierbei reagiert jeder Mensch auf unterschiedliche Art und Weise, um darüber hinwegzukommen. Wenn dein Herz gebrochen ist, suche nach Möglichkeiten der Ablenkung. Denn auch wenn es sich so anfühlt, *es ist nicht das Ende der Welt!*

Wenn er mit dir Schluss gemacht hat, weil du auf Dinge nicht eingehen wolltest, für die du dich nicht bereit gefühlt hast, brauchst du dieser Liebe nicht nachzutrauern. Ein Junge, der sich deswegen von dir trennt und dich leiden lässt, ist es nicht wert. Du hast immer das Recht, nein zu sagen.

✽

Das einzig wirksame Hilfsmittel gegen Liebeskummer ist die Zeit. Also gib dir selbst ein wenig mehr Raum und versuche, dich abzulenken und schöne Dinge mit anderen lieben Menschen zu unternehmen. Du kannst dich darauf verlassen, dass es nach und nach besser wird.

DAS REZEPT GEGEN DEN SCHMERZ

Hol dir als Erstes einen Karton, in den du die folgenden Dinge gut einpackst. Gib die Kiste danach an eine Person deines Vertrauens, sodass du nicht immer wieder daran gehst, aber nach einer Weile, wenn der Schmerz überstanden ist, noch mal alles in Ruhe ansehen kannst, wenn du möchtest.

- Pack die Papiertaschentücher mit in den Karton mit den CDs, die ihr zusammen gehört habt.
- Unbedingt auch weg mit seinen Fotos und seinen Briefen, die du zerrissen hast. (Danach Tesafilm wegschließen, um sie nicht wieder zusammenzukleben!)
- Auch die getrocknete Rose von eurem ersten Spaziergang gehört in den Karton.
- Genauso das Kuscheltier, das er dir geschenkt hat.
- Weg mit seinem Parfum!
- Und seinem T-Shirt, das du noch hast (und das so gut nach ihm riecht …).
- Stell dein Handy auf lautlos, geh nicht ran, wenn du seine Nummer siehst!
- Und starre nicht die ganze Zeit wie hypnotisiert auf das Telefon!
- Schluss auch mit den extra großen Eiscremebechern.

Für den Moment heißt es: weg mit allen Erinnerungen – quäle dich nicht selbst mit gemeinsam erlebten Szenen, die du immer wieder vor deinem inneren Auge abspulst!

ACHTUNG FUMMLER!

Niemand, absolut niemand darf deinen Körper berühren, wenn er nicht deine ausdrückliche Erlaubnis dazu hat und du das auch möchtest. Sollte dich trotzdem einmal jemand anfassen, sag es sofort einem Erwachsenen, damit er dir helfen kann. Wenn du das Gefühl hast, man glaubt dir nicht, such dir einen anderen Erwachsenen. Du brauchst dabei weder Angst zu haben, noch musst du traurig sein. Es ist dein gutes Recht dich zu schützen!

SCHLECHTE LAUNE

Öfter Mal schlechte Laune zu haben, ist ein typisches Merkmal eines jeden Heranwachsenden, weil es zunehmend schwieriger wird, die eigenen Emotionen zu kontrollieren. Häufig endet es damit, dass man jemanden anblafft, obwohl derjenige einem gar nichts getan hat. Das bereust du dann und du musst dich entschuldigen, was deine Laune auch nicht gerade hebt … Ein Teufelskreis!

Also lass es raus: Tob dich beim Sport aus oder verprügle ein Kissen, schreib einen Brief oder sprich dich bei jemandem aus.

Versuche den Grund für deine schlecht Laune zu finden und mach aus einer Mücke nicht gleich einen Elefanten.

WUT

Wir sind alle mal böse oder haben eine richtige Wut im Bauch, da ist nichts dabei. Seine Wut sollte man jedoch zu bändigen wissen, was nicht bedeutet, dass man sie aufstauen sollte.

REZEPT GEGEN DIE WUT

Benutze eine Wand, einen Spiegel oder ein Möbelstück und schrei dem alles entgegen, was du der Person gern gesagt hättest, die dich so wütend gemacht hat. Das wird dir helfen, wieder runterzukommen, damit du später bei der Aussprache ganz ruhig sein kannst. Sich alles in einem Brief von der Seele zu schreiben, den man dann nicht abschickt, ist auch eine Möglichkeit. Bedenke, dass man hinterher viel von dem Gesagten bereut, wenn man komplett die Kontrolle verliert und jemanden anbrüllt. Oft äußert man dann verletzende Dinge und hat hinterher ein furchtbar schlechtes Gewissen.

Zieh dich zurück und sprich für eine Weile mit niemandem. Atme tief durch und zähle bis 10.

STRESS IST STRESS

Wenn sich in dir zu viel Stress aufstaut und du nichts unternimmst, um ihn wieder abzubauen, kannst du krank werden. Viele Dinge können uns stressen:

✳ Schulischer, familiärer oder sozialer Druck

✳ Hormonelle und körperliche Veränderungen

✳ Sorgen

✳ Die Scheidung der Eltern

✳ Zu viele Aktivitäten

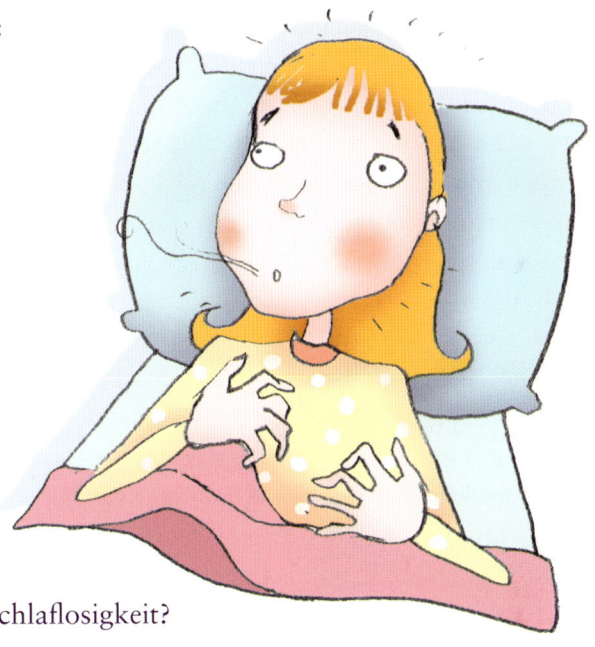

WARNZEICHEN

✳ Hast du Schlafprobleme oder leidest du an Schlaflosigkeit?

✳ Hast du Kopfschmerzen, Magen- oder Rückenschmerzen?

✳ Hast du das Gefühl, nie genug Zeit zu haben?

✳ Lachst oder weinst du manchmal ohne Grund?

Wenn du mehrere Fragen mit »Ja« beantwortet hast, hast du viel Stress in deinem Leben. In diesem Fall musst du versuchen, den Grund ausfindig zu machen. Sprich mit jemandem darüber, um eine Lösung zum Stressabbau zu finden. Bleib in Bewegung, aber suche dir auch Momente der Entspannung.

MAIAS PUPPEN

Diese Puppen sind der Knaller! Für meine Freundinnen hab ich schon ganz viele davon gebastelt. Man sollte für jede Gefühlslage eine haben.

Ich persönlich habe eine rothaarige Puppe, die ist für die Liebe. Ich habe auch eine für Freude, eine für Traurigkeit, für Wut und eine für Sehnsüchte. Wenn ich mal gereizt oder genervt bin, klebe ich immer einen farbigen Wollfaden auf den Kopf der entsprechenden Puppe dazu. Bin ich glücklich, bekommt Felicity (spanisch »Felicidad« heißt Freude) ein gelbes Härchen auf den Kopf geklebt, bin ich aber traurig, dann klebe ich ein blaues Härchen auf den Kopf von Lluvia (spanisch »Lluvia« bedeutet Regen). Die Puppe für meine Sehnsüchte hatte als Erste viele Haare. Meine Idee mit den Puppen ist so großartig, dass selbst meine besserwisserische Schwester sie kopiert hat.

Psst: Meine Liebespuppe hat schon mehr als 28 rote Wollfäden und ich hab schon wieder Schmetterlinge im Bauch. Wenn ich so weitermache, wird wohl eine Puppe nicht ausreichen …

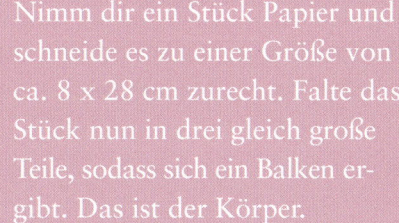
Nimm dir ein Stück Papier und schneide es zu einer Größe von ca. 8 x 28 cm zurecht. Falte das Stück nun in drei gleich große Teile, sodass sich ein Balken ergibt. Das ist der Körper.

Schneide ein weiteres Stück Papier zu einer Größe von ca. 7 x 11 cm zurecht und falte dieses ebenfalls nun zu drei gleich großen Teilen zusammen. Leg diesen Balken nun längs auf den anderen Balken, sodass die beiden Teile ein Kreuz bilden.

Mit einem Wollfaden in deiner Lieblingsfarbe bindest du nun beide Balken in der Form des Kreuzes zusammen, indem du den Faden in Form von einem X mehrmals über beide Balken führst, um ihn dann hinten zusammenzuknoten.

Verhülle nun den Rest der beiden Balken mit dem Wollfaden, indem du ihn immer wieder um die jeweiligen Balken wickelst. Lass an den jeweiligen Enden stets ein kleines Stück frei. Am Ende klebst du das Ende des Wollfadens hinten fest, damit es sich nicht wieder lösen kann.

Auf den oberen Teil des Körpers malst du nun ein Gesicht, wobei du oben einen Rand frei lässt für die Haare. Auf die anderen Enden, die du freigelassen hattest, malst du nun Hände und Füße auf.

Nun kannst du deine Puppe anziehen, wenn du möchtest, und dafür einfache Stoffreste benutzen. Auf den Puppenkopf kannst du nun als Haare einzelne Wollfäden kleben oder nähen.

EIN ENERGIELECK

Ich will ein wenig Zeit für ein wichtiges Thema verwenden: Energie. Denk jetzt nicht, dass ich über Glühbirnen sprechen will, es geht um etwas ganz anderes. Ich meine die Energie, aus der das Universum besteht. Ich hoffe, du machst jetzt nicht das gleiche Gesicht wie ich, als meine Mutter mir das zum ersten Mal erklärt hat. Ich muss nämlich gestehen, dass mir dieses Thema anfangs auch etwas lächerlich vorkam. Aber andererseits reden Mütter ja nicht einfach nur, um sich reden zu hören. Also ihrer Theorie zufolge strahlt jeder Mensch Energie aus, und zwar positive oder negative. Das Interessante daran ist, dass diese Energie so mächtig ist, dass sie dein Magnetfeld durchdringen und sich binnen weniger Sekunden auf dich übertragen kann. Ein gutes Beispiel: dass ich einmal keine Lust auf die Schule habe, ist eigentlich ein Ding der Unmöglichkeit. Und doch hat es Eulalia geschafft! Die ganze Zeit hat sie im Schulbus über die Schule hergezogen und ihre schlechte Energie verbreitet. Danach habe ich mich gefühlt, als wäre eine Planierraupe über mich drübergefahren.

SCHLUSSFOLGERUNG:

Zweifellos muss ich ihr dieses Buch schenken. Ich muss in Zukunft auf der Hut sein vor den negativen Energien, die mich umgeben und die andere, schlecht gelaunte Menschen ausstrahlen.
Positive Energie = positives Leben
Wieder einmal hat sich bestätigt, dass die Theorien meiner Mutter der Wahrheit entsprechen, auch wenn diese nicht immer wissenschaftlich beweisbar sind.

ENERGIEZITRONEN

🍋 Suche dir drei schöne Zitronen aus.

🍋 Ritze in die Enden jeder Zitrone ein Kreuz und lege alle drei in einen Behälter, aber so, dass sie nicht aufeinanderliegen.

🍋 Fülle nun den Behälter mit frischem Wasser und stelle ihn unter dein Bett. Tu das an einem Dienstag oder einem Freitag, damit die Kraft der Sterne wirken kann.

🍋 Nach einer Woche solltest du die Zitronen auswechseln. Die Zitronen werden deine Energie absorbieren, und am Aussehen wirst du erkennen können, wie du die Tage über gelaunt warst. Wenn sie grün und glänzend sind, dann warst du es auch. Aber wenn sie faulig und matt aussehen, musst du den Grund dafür suchen und unbedingt ein Bad in der Natur nehmen, um deine Energie aufzufrischen.

LETZTE WORTE

Wie du sicherlich bemerkt hast, sind meine Schwester und ich unheimlich unterschiedlich, auch wenn wir uns manchmal gleich anziehen.

Nachdem ich mich mit jedem Thema ausführlich beschäftigt habe, komme ich zu dem Schluss, dass die Menschen einen gemeinsamen Nenner brauchen. Diesen sollten wir jetzt gemeinsam entwickeln.

Den gemeinsamen Nenner solltest du bei dir im Herzen tragen und ihn hüten wie einen Schatz …

SEI EHRLICH

Ehrlichkeit ist eine der größten Tugenden im Leben. Du solltest lernen, immer ehrlich zu sein, mit dir selbst genauso wie mit anderen Menschen. Ein Sprichwort sagt, wer einmal lügt, dem glaubt man nicht – und das ist wahr.

FRAG NACH

Es ist nichts Schlechtes dabei, zu fragen. Im Gegenteil, durch Fragen verstehst du die Dinge besser und bist in der Lage, dir deine eigene Meinung zu bilden und deine eigenen Entscheidungen zu treffen.

SEI MUTIG

Mutig zu sein bedeutet, die Courage zu besitzen, sich unangenehmen Situationen zu stellen. Es heißt, keine Angst zu haben und offen auszusprechen, was du denkst. Es erfordert auch, für deine Überzeugungen und deine Werte einzustehen. Mit Mut verschaffst du dir bei deinen Mitmenschen Respekt.

MITEINANDER KOMMUNIZIEREN

Höre auf das, was man dir sagt, nicht nur auf das, was du hören willst. Äußere deine Wünsche und Meinungen mit bestimmter Freundlichkeit, nicht durch lautes Schreien. Respektiere auch die Meinungen anderer. Konzentriere dich auf das Heute und rühre nicht mehr in alten Geschichten herum. Bedenke: Zum Streiten braucht es immer zwei.

HAB DICH SELBST LIEB

Das Selbstwertgefühl wird von dem Bild bestimmt, dass du von dir selbst hast und dem Wert, den du dir selbst beimisst. Ein gutes Selbstwertgefühl hilft einem dabei, sich zu akzeptieren, sich zu lieben und zu respektieren.

VERURTEILE NICHT

Nichts ist einfacher, als Dinge zu kritisieren. Bevor du urteilst, solltest du aber bedenken, dass der Schein oftmals trügen kann. Viele Ungerechtigkeiten sind schon begangen worden, weil versäumt wurde, die andere Seite einer Geschichte zu betrachten oder weil man unfähig war, sich in die Rolle des anderen hineinzuversetzen.

FREUE DICH AN DER WELT

Die Vielfältigkeit ist Teil unseres Lebens. Stell dir vor, wie langweilig eine Welt ohne Abwechslung wäre. Viele Menschen sind gehemmt, wenn sie auf jemanden treffen, der anders ist als sie selbst. Genieße die Unterschiede unter den Menschen und nutze sie, um dein Leben reicher zu machen.

FLIEGE ZUM MOND

Jeder Traum kann in Erfüllung gehen. Setze dir Ziele und sei fest entschlossen, diese zu erreichen. Jedes Ziel, das du erreichst, bringt dich näher an deine Träume heran.

Zutaten für ein Sparschwein:

- Ein kleines Sparschwein
- Farben, Blumen und was du sonst noch zum Dekorieren benutzen möchtest
- Eine Menge positive Energie und Vertrauen
- Kleine Zettel in tausend Farben, Formen und Größen
- Stifte in deinen Lieblingsfarben

MAIAS SPARSCHWEIN

VORBEREITUNG

Das Erste, was du machen musst, ist, einen Platz für das Sparschwein zu finden, an dem es eine ganze Nacht lang vom Mondschein bestrahlt werden kann. Am nächsten Tag ist das Sparschwein fertig für die Dekoration. Schaffe dir eine angenehme und positiv aufgeladene Atmosphäre mit Freunden, Musik, Blumen, Kerzen oder was du sonst noch gern um dich hast. Dekoriere nun dein Sparschwein mit allen Bestandteilen, die deine Persönlichkeit widerspiegeln, dann wird es einzigartig und exklusiv sein.

Mit der Zeit füllst du dein Sparschwein mit all deinen Sehnsüchten, Wünschen und guten Absichten, deinen schönsten Erinnerungen und allem, was dir für immer im Gedächtnis bleiben soll. Schreibe einfach alles nach und nach auf die kleinen Zettelchen und lege diese in dein Sparschwein. Wenn du dann eines Tages achtzehn, also volljährig, wirst, kannst du die Sparbüchse öffnen. Zusammen mit den Erinnerungen und Gefühlen aus dieser Zeit erlebst du dann eine Reise zurück in deine Kindheit.

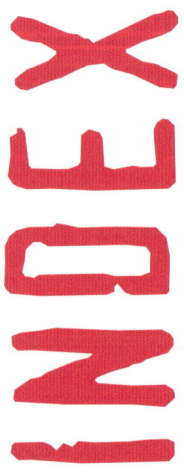

INDEX

A
Adoptiveltern 261
ADS-Syndrom 284
Aids 207, 314
Akne 136, 138, 139
Albträume 168
Alkohol 205 ff
Alleinerziehend 262
Allergien 40, 53, 93, 151
Anorexie 214
Astrologie 244 ff
Augen 55 ff
Ausfluss 115
Außenseiter 300

B
Babys 96 ff
Bettnässen 172
BH 104
Binden 121
Blaue Flecken 47
Bluterguss 47
Brille 56
Brüche 81
Bulimie 215
Busen 102 ff

C
Cellulite 50

D
Date 310
Dehnungsstreifen 51
Depilation 106 ff
Drogen 201, 206 ff
Durchfall 77
Dyslexie 284

E
Eisprung 116, 120, 314
Ekzeme 52
Epilation 112

E Ernährung 143 ff
Essstörungen 212 ff

F Familie 256 ff
Fingerknacken 188
Fortpflanzung 96 ff
Fortpflanzungsorgane 118 ff
Freunde 292 ff
Frisuren 17
Füße 71 ff
Fußpilz 75

G Genitalien 119
Geschwister 265
Großeltern 268

H Haar 14 ff
Haarnester 30
Hände 67 ff
Hausaufgaben 281
Haut 35 ff
Herpes 64
Homosexualität 263, 311

J Jungfernhäutchen 119

K Karies 62
Käsefüße 74
Knochen 79 ff
Kontaktlinsen 56
Körperbehaarung 106
Krämpfe 161
Krusten 190

L Läuse 26 ff
Legasthenie 284
Lehrer 280
Liebe 219, 259, 307 ff
Liebeskummer 316
Lippenbläschen 64
Lockenstab 20
Lockenwickler 21

M Magen 76 ff
Make-up 85
Maniküre 68

M
Menstruation 116 ff
Menstruationsbeschwerden 126 ff
Missbrauch 236 ff, 274, 303
Mitesser 137
Mode 90
Mund 61 ff
Mundgeruch 63
Muttermal 49

N
Nägelkauen 188
Nassrasur 109
Notruf 233
Numerologie 249 ff

O
Ohren 59 ff

P
Parfüm 89
Patckworkfamilie 264
Pediküre 72
Persönlichkeit 241 ff, 330
Pferdeschwanz 18
Pickel 136 ff
Piercing 93

P
Pilates 158
Plaque 62
Prüfungsangst 166, 282, 284

R
Rauchen 203
Ritzen 211

S
Schadenfreude 301
Scheren 33
Schlaf 163 ff
Schlaflosigkeit 166
Schlafwandeln 169
Schule 279 ff
Schuppen 28
Schwangerschaft 96 ff
Schweiß 133
Schwimmen 122, 157, 160, 232
Sehnenscheidenentzündung 160
Selbstbräuner 44
Sexualität 311, 314
Sicherheit 235
Skoliose 80
Solarium 45
Spliss 29, 31

S Sport 155 ff
   Sternzeichen 245 ff
   Stress 139, 155, 169, 188, 210, 319
   Sucht 198 ff, 221
   Sucht 201 ff, 216

T Tampons 121 ff
   Tanzen 228
   Tattoos 93
   Therapie 221, 284
   Torte 227
   Toxischer Schock 124
   Trennung 271
   Trichotillomanie 210
   Trinkgeld 230

Ü Übergewicht 152

V Vagina 100 ff, 118 ff, 122
   Vaginalspülung 129
   Vegetarier 148
   Verstopfung 77
   Vorurteile 298

W Wachs 111
   Wachstumsschmerzen 135
   Waffen 288
   Warzen 48

Y Yoga 159

Z Zahnbelag 62
   Zahnfleischentzündung 62
   Zahnseide 61
   Zöpfe 19
   Zwillinge 266 ff

Moewig ist ein Imprint der Edel Germany GmbH
© 2009 Edel Germany GmbH
Neumühlen, 22763 Hamburg
4. Auflage 2014
www.moewig.de | www.edel.com

First published in Colombia in 2005
© María Villegas and Jennie Kent
© Villegas editores 2005

Text: María Villegas und Jennie Kent
Illustration: Ivette Salom Safi
Lektorat und Redaktion: Therese Hochhuth und Steffi Schnürer
Gestaltung und Herstellung: Ilona Kempny und Vincent Miechielsen
Druck und Bindung: optimal media GmbH, Glienholzweg 7, 17207 Röbel

Alle deutschen Rechte vorbehalten. Nachdruck, auch auszugsweise, verboten. Kein Teil dieses Werkes darf ohne schriftliche Genehmigung der Edel GmbH in irgendeiner Form reproduziert oder unter Verwendung elektronischer Systeme verarbeitet, vervielfältigt oder verbreitet werden.

Printed in Germany

ISBN: 978-3-86803-443-1